COMMENT FAIRE DES
AVIONS EN PAPIER
ET AUTRES OBJETS VOLANTS

A. Mina

COMMENT FAIRE DES AVIONS EN PAPIER
ET AUTRES OBJETS VOLANTS

ÉDITIONS DE VECCHI S.A.
20, rue de la Trémoille
75008 PARIS

Les photographies de couverture et de l'intérieur sont de l'auteur

Dessins de G. Tagliabue, F. Venturi et M. Ameli

Traduction : Nelly Turrini

© 1998 Éditions De Vecchi S.A. - Paris
Imprimé en Italie

Préface

Voler est un rêve, mais ce rêve, le mythe d'Icare est aussi ancien que l'humanité. Or, le plus petit et le plus élémentaire de nos modèles réduits est capable de nous mener dans un monde presque magique, riche de merveilles et de surprises se renouvelant à chaque instant. En fait, il s'agit d'un monde où, à partir de rien, ou presque, tout est possible.

Les constructions les plus surprenantes et les plus agiles, les exercices de voltige aérienne les plus périlleux, les traversées les plus extraordinaires, dans un ciel né de notre imagination, si profond qu'il semble infini : tout cela est à portée de la main. Vous croirez vivre les images d'un rêve ou les enchantements tirés du chapeau d'un magicien : les délices du vol s'offrent à vous, au prix d'un effort minime et de quelques matériaux peu onéreux. Ainsi, en vous amusant à réaliser ces objets très simples, vous serez en mesure d'acquérir des méthodes et un savoir beaucoup plus profond et cohérent.

L'émotion produite par l'envol de la feuille qui se détache de votre main pour planer doucement dans l'air, la réussite d'un vol savamment programmé, tout cela permet une approche différente du monde : au fantastique s'allient le savoir et surtout la compréhension des phénomènes naturels.

Ce bref ouvrage n'est certes pas un traité de technique de vol, mais vous y trouverez des images merveilleuses d'objets ailés qui pourront naître de vos mains, grâce à votre imagination et votre habileté.

Ce livre est destiné à ceux qui veulent jouer ou apprendre à jouer ainsi qu'à tous ceux pour qui la pédagogie n'est pas uniquement une profession, mais une véritable passion. Il est aussi dédié à tous ceux qui savent redevenir des enfants, lorsque la vie le leur permet et qui sont capables de laisser la bride sur le cou à leur imagination, leur créativité et leur goût du jeu.

Les lieux et les matériaux de travail

Il faut beaucoup de patience, de la bonne volonté, des dons, de l'application, de la méthode, mais surtout un lieu idéal : un coin retiré, tout à vous, où vous pourrez travailler avec tous vos instruments à portée de la main. Ces quelques conditions sont indispensables à la réussite de tout projet créatif.

Le plan de travail

Il vous faut une table ou une planche, **vaste**, si possible, plus longue que large, sur laquelle vous pourrez appuyer commodément vos coudes.

Placez-la auprès d'une fenêtre pour recevoir suffisamment de lumière solaire et débarrassez-la de tous les objets inutiles. Vous y placerez, en plus d'accessoires plus spécifiques, les éléments suivants :
– une **plaque en verre assez épais** pour pouvoir faire des découpes au cutter, sans bavures ;
– un **support auto-régénérant en gomme de caoutchouc**, pour procéder aux incisions avec les lames ;
– une **planchette en bois très lisse**, revêtue de Formica ou de matériaux équivalents, si possible laquée, pour effectuer des opérations de collage et, si elle est d'une bonne épaisseur, pour les opérations de finition et de mises au point des pliages des ailes (on se servira alors de ses bords) ;
– une **lampe de bureau avec pinces**, avec une *ampoule à incandescence*, opaline, ou, mieux, à lumière solaire bleutée, pour ne pas fatiguer la vue.

Le papier

Pour être capable de donner forme à des modèles réduits d'aéronefs il faut, avant tout, connaître à fond tous les matériaux possibles (carton fort et carton fin, carton-pâte, etc.). En effet, il est nécessaire d'adapter notre inventivité à leur ductilité spécifique. Leur résistance plus ou moins grande, leur forme de base, leur couleur, leur « pâte », leur poids (grammage) déterminent pour une grande part le résultat du modèle définitif, voire la viabilité même de notre projet.

Pour le travail sur les modèles préliminaires, les essais, et, d'une manière plus générale, pour l'apprentissage, il est conseillé d'utiliser des papiers ou des cartons fins, faciles à plier ou même à déchirer. Nous recommandons l'usage du papier « à esquisse », que l'on trouve dans toutes les bonnes papeteries, sous forme de feuilles blanches, légères (à faible grammage) et bon marché. Vous pouvez aussi vous servir des feuilles de cahier ou de bloc-notes, blanches ou à carreaux ainsi que celles destinées aux machines à écrire, imprimantes ou photocopieuses.

Pour les essais définitifs, pour la réalisation de modèles de qualité, il convient, en revanche, de se procurer un papier spécial. Le plus approprié est celui destiné aux « origamis », qui est vendu à bon marché dans les papeteries et les magasins spécialisés dans les matériaux pour les beaux-arts. Conçu spécialement pour le pliage et le découpage, il est commercialisé en ramettes ou en albums de feuilles, carrées ou rectangulaires, polychromes, avec une face « naturelle » et une autre de couleur opaque. La gamme des couleurs est très vaste et les dimensions peuvent être très variées (à partir de 10 x 24 cm).

Pour la fabrication d'un modèle réduit aéronautique, les dimensions (20 x 25 cm) et le poids (70 g/m^2 environ) doivent être équilibrés.

Plus la feuille est grande, bien entendu, plus les dimensions du modèle pourront augmenter, ce qui lui permettra de mieux planer mais restreindra ses possibilités de déplacements rapides et acrobatiques. En effet, le type de papier utilisé a une incidence sur la performance d'un modèle en vol, du fait de son poids, de son élasticité et de sa tenue.

Papier vergé

C'est un papier épais, peu ductile à la coupe et qui supporte mal les essais en vol. Il est malgré tout utile, pour les modèles qui ne sont pas destinés à voler (ou devant rarement voler), d'une certaine épaisseur, ou bien pour la réalisation de prototypes. Sachez, en effet, que la construction de ce type d'objets représente l'un des aspects de l'aéromodélisme, passion aux multiples facettes. Veillez bien à manipuler ce papier avec précaution, en particulier lorsque vous le pliez ou le pressez. Un modèle réalisé avec ce matériau est généralement « auto-sustentateur », c'est-à-dire qu'il tient tout seul.

Carton fin

On le trouve dans toutes les dimensions, et même en rouleaux. Sa surface peut être lisse, granulée, vergée, ondulée (carton d'emballage). Il est utilisé pour la réalisation d'objets « artistiques », les prototypes expérimentaux et pour de nombreuses constructions « non volantes ». Il est assez difficile à utiliser.

SUGGESTIONS

✔ Rangez soigneusement le papier non utilisé, dans un carton à dessin, par exemple.

✔ Conservez toutes les chutes de découpages pouvant être utilisables.

✔ Rangez les papiers en les classant par couleur et par poids.

✔ Vous pouvez « récupérer » le papier froissé en le repassant avec un fer tiède sur la face naturelle ou incolore.

Papier vélin

Transparent et fin, ce papier est peu résistant, trop mou pour donner une découpe nette et ne peut être coloré manuellement.
On réserve généralement son utilisation, sous la forme de morceaux colorés, pour la finition des parties accessoires des modèles : ailes, gouvernail, carlingue, etc.

Papier calque

Semi-transparent, opaque, rigide, on l'utilise surtout, comme son nom l'indique, pour les décalques et les transferts des modèles devant être exécutés et pour la simulation des parties accessoires semi-transparentes.

Papier d'emballage

Papier épais et coloré, facile à découper, peu onéreux, on l'utilise essentiellement pour fabriquer par pliage des modèles réduits et des cerfs-volants.

Auto-adhésif

À double bande, difficile d'emploi, disponible en dimensions réduites mais très coloré, il est utilisé pour la réalisation de modèles décoratifs, d'insignes et de sigles devant être appliqués d'une manière fixe sur certaines parties des modèles réduits.

Les couleurs

Les modèles réalisés en papier blanc ou d'une seule teinte ont tendance à disparaître à la vue, dans le ciel, alors que ceux qui resplendissent de mille dessins et couleurs frapperont notre imagination et celle des autres, surtout, au sol. Le coloriage au feutre ou au pastel est recommandé car il permet la spontanéité et l'authenticité.
En outre, le coloriage au pastel est à la portée de tous, même des moins doués dans l'art des couleurs.

La réalisation

Afin d'éviter les incohérences et les erreurs trop grossières, il est conseillé de ne se lancer dans la fabrication d'un modèle que lorsque l'on est bien sûr d'en avoir assimilé la technique. Une seconde règle consiste, une fois que l'on a choisi le projet de base dont on s'inspirera, à en expérimenter la réalisation dans la pièce où l'on travaille.

Le projet

Si vous n'êtes pas très sûr de votre sens de la symétrie, commencez avec une feuille quadrillée. Nos « projets », accompagnant les explications écrites, c'est-à-dire les « schémas d'exécution », sont destinés à être réalisés sur une feuille de papier coloré, de type « origami », avec une face colorée et une « naturelle ».
Avant de passer à l'exécution, observons attentivement la manière dont évolue le schéma dans les différentes phases, pour avoir une idée claire de l'orientation du projet.
Bien entendu, il subsiste toujours une certaine marge d'interprétation qui peut provoquer certaines perplexités : dans ce cas, inutile de gaspiller énergie et matériel : il s'agit ici d'un loisir et non d'un travail. Cette activité, quasiment artistique doit rester agréable et vous procurer un sentiment de détente, à tout instant.

Les dimensions de la feuille

Lors de la réalisation d'un grand nombre des modèles proposés, nous devrons identifier avec précision des points de pliage et de découpage placés en des positions particulières. Les plus expérimentés d'entre vous n'éprouveront aucune difficulté, sachant déterminer, avec une règle et un crayon, où se trouve la moitié et le tiers d'une feuille.
Pour des raisons de commodité et pour vous faire gagner du temps, nous vous proposons toutefois d'autres méthodes.

• Pour trouver un point de pliage à **un tiers** de la longueur du bord ou d'un pli déjà réalisé, sans avoir recours à la règle, il faut plier le papier de sorte que la partie qui déborde soit aussi longue que celle qui est pliée.

• Il est facile de trouver le **milieu** d'une feuille en faisant coïncider les bords et les quatre coins du papier.

• Pour **rendre carrée une feuille rectangulaire**, ce qui est souvent nécessaire, il convient de replier l'angle supérieur droit de la feuille en direction du
côté gauche. Le bord inférieur doit donc
être replié et pressé avec les doigts, le
long de la ligne créée par le pliage effectué. Une fois la feuille ouverte à nouveau, il ne reste plus, pour obtenir un
carré, qu'à découper la ligne de pliage
qui apparaît.

La construction

Notre expérience nous incite
à vous conseiller de ne
pas vous acharner sur
ce qui, au début, ne
vous semble pas
très clair. Concen-
trez-vous plutôt sur
les modèles plus sim-
ples ou qui laissent li-
bre cours à votre imagi-
nation. Il faut que vos
mains, pli après pli, donnent
corps à des formes fantastiques, fussent-elles totalement
inadaptées au vol. Ensuite, une
fois que vous vous sentirez détendu,
vous pourrez revenir sur vos propres
pas et reprendre avec plus de conviction
votre travail interrompu.
Accumulant les expériences, l'on se
rend compte que ce qui, au début, nous
semblait d'une difficulté insurmontable,
se transforme en actions automatiques.
Nous fondant toujours sur l'expérience,
nous pensons pouvoir affirmer qu'il y a
une certaine présomption à considérer
comme définitif le « premier jet » : le
deuxième essai est toujours meilleur.
Il est donc conseillé de réaliser au moins
deux fois le même modèle : la première
fois, vous serez gauche, vous concen-
trant sur les plis et, éventuellement, les
découpages. La seconde, vous agirez
presque automatiquement, vous concen-

trant sur la forme et les variantes per-
sonnelles que vous pourrez apporter au
projet. Indéniablement, au bout de plusieurs tentatives, la réalisation sera quasiment parfaite et certainement plus pro-
che de votre idée initiale. Les modèles
se succédant, les essais en vol s'accumulant, vous serez en mesure de mieux
comprendre les éventuelles défaillances
de votre exécution.
Vous apprendrez ainsi à tenir compte de
votre adresse, ou, au contraire, de votre
manque d'habileté manuelle, mais aussi à
prendre en considération un facteur dont il
est difficile de s'abstraire : « le plein air ».

Notre ambition ne se limite certes pas à exécuter correctement le modèle projeté. L'objectif ultime reste, ne l'oublions pas, la réussite entière et totale du lancer qui nous apportera de grandes satisfactions.

Les essais

Les essais concernent tous les modèles présentés ici, qu'ils soient réalisés par pliage ou par découpage. En effet, à la fin des dernières opérations de pliage, une fois que l'on aura pris acte des caractéristiques de base, en vol, du modèle réalisé, il faudra inévitablement procéder aux vérifications et ajustements (*triming* en jargon aéronautique) qui permettront de corriger l'assiette de notre machine volante « poids plume ».

En effet, ce sont certaines notions de base (même élémentaires), ainsi que la capacité de préparer au vol les modèles construits, qui distinguent le véritable « aéromodéliste » d'un simple fantaisiste.

Les essais se déroulent en trois phases :
– **préliminaire** : observation attentive du modèle, dans ses parties structurelles, avant le décollage, dans son « assiette au sol » ;
– **intermédiaire** : l'observation doit être destinée à la ligne de vol ;
– **finale** : l'on détermine le calibrage de l'angle de plané, ou mieux, la ligne optimale d'atterrissage.

Au cours des vérifications d'assiette, la plus ou moins grande aptitude structurelle d'un modèle à effectuer des vols à caractère plus ou moins acrobatique n'échappera pas à un œil expert. En effet, lors de toutes les phases indiquées, ce qui compte, en l'absence de données objectivement certaines, c'est l'expérience acquise au fil du temps, la rapidité du coup d'œil, le sens de l'observation pondérée, la capacité d'établir des corrélations entre effets et phénomènes apparemment sans rapport entre eux : vent, lumière, chaleur, forme du modèle, assiette de vol, etc.

Une fois toutes ces vérifications et corrections effectuées, le modèle étant dimensionné d'une manière optimale, la symétrie des ailes étant analysée attentivement, l'équilibrage étant assuré par la mise en place de petits lests, votre habileté aéronautique ne pourra qu'éclater au grand jour.

Un dernier conseil : essayez d'être le plus minutieux possible : n'oubliez pas que la plus insignifiante des corrections d'assiette apportée au modèle aura un effet sur la trajectoire et la durée du vol, lorsque vous confronterez votre « œuvre » à la réalité du vent et du plein ciel.

L'assiette au sol

Avant le décollage, il est toujours conseillé d'observer attentivement le modèle dans sa phase de « repos ».

Le point d'équilibre

Tenant le fuselage de l'avion entre le pouce et l'index, effectuez de rapides déplacements et changements de position, en avant et en arrière, le long de l'axe horizontal du fuselage. Vous pourrez ainsi déterminer facilement le point d'équilibre qui en détermine d'une manière assez précise le vol selon sa position sur l'avion :
– **en avant** : caractéristiques acrobatiques marquées ;
– **en arrière** : vocation ascensionnelle marquée ;
– **central** : vol calme et plané, longue portée.

D'une manière générale, un modèle réduit d'avion de niveau moyen, c'est-à-dire capable d'assurer avec souplesse et bonne tenue plusieurs fonctions de vol, est doté d'un point d'équilibre optimal à l'avant, à environ un tiers de sa longueur.

Le pli frontal

La deuxième vérification, plus concrète, consiste à resserrer, en les compactant,

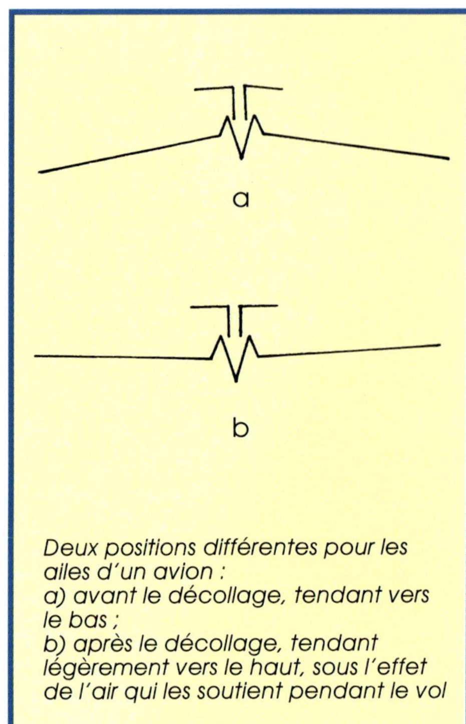

Deux positions différentes pour les ailes d'un avion :
a) avant le décollage, tendant vers le bas ;
b) après le décollage, tendant légèrement vers le haut, sous l'effet de l'air qui les soutient pendant le vol

les lignes de pli de la partie avant (capot) et du fuselage de l'avion.

Vous accentuerez ainsi, en la mettant en évidence, la courbure vers le sol de toute la surface des ailes. Maintenez pendant quelques secondes le modèle dans cette position et faites-le légèrement « sauter » dans le vide. De la sorte, vous pourrez vérifier son élasticité et sa ductilité dans le vent et, bien entendu, l'effet de « portance » des surfaces alaires. Les ailes, d'abord courbées vers le sol devront « gonfler » sous la pression du vol simulé et, si le modèle a été bien construit et « mis au point », vous ne tarderez pas à avoir la bonne disposition en « V » plate et très ouverte.

Les essais en vol

Avant de vérifier l'assiette en vol, nous allons brièvement traiter de la manière

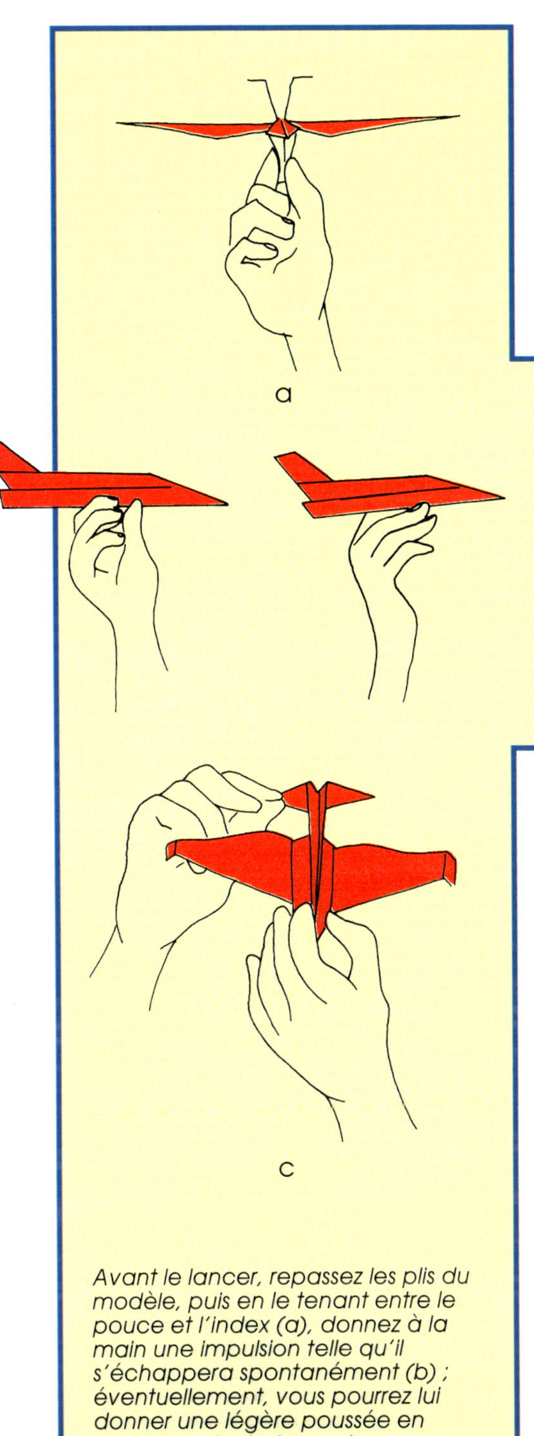

Avant le lancer, repassez les plis du modèle, puis en le tenant entre le pouce et l'index (a), donnez à la main une impulsion telle qu'il s'échappera spontanément (b) ; éventuellement, vous pourrez lui donner une légère poussée en plaçant votre index sur la queue. Après la première tentative, vous pourrez obtenir de meilleurs résultats en corrigeant la position de la timonerie (c) et de la structure alaire

dont il faut lancer ces « planeurs ». Bien entendu, chacun est libre d'adopter la méthode de lancement qui lui convient, mais n'oubliez pas que dans les essais simulés, il est indispensable de s'en tenir à des règles précises. Le premier essai de lancer sera bref et exécuté à contre vent, ce qui est approprié pour des vols courts et d'une grande précision.

Une fois que vous aurez saisi le modèle en son point d'équilibre, soulevez-le à la hauteur de vos yeux en le tenant de côté, éloigné de vous. Utilisez tout le bras comme un levier et imprimez la tension maximale, sans changement d'accélération. Vous accompagnerez donc l'avion avec votre main et le bras tendus vers l'avant, jusqu'au détachement définitif. Il sera inutile de le pousser : laissez-le s'échapper de vos doigts pour son premier vol.

Avant le premier lancement, certains « soufflent » de toute leur force sur la partie avant de l'avion : les gouttelettes invisibles de vapeur d'eau ainsi projetées adhèrent à la surface, formant une sorte de « pellicule » uniforme qui, sous l'effet de la « tension superficielle », favoriserait la pénétration de l'avion dans l'air. Cela lui permettrait de mieux fendre l'air et de glisser plus facilement. Sachez toutefois que cette propriété n'a pas été prouvée.

La soufflerie aérodynamique

Il est prouvé, sans l'ombre d'un doute, que le succès de la fabrication d'un modèle passe par la mise en œuvre d'essais appropriés.

Nous l'avons dit, toute une série d'interventions correctrices préliminaires sont nécessaires après les premiers essais de vol en plein air.

Avec l'expérience, vous apprendrez qu'il est préférable de fabriquer les prototypes en papier millimétré, ou, du moins, quadrillé, si possible de même grammage que celui que vous utiliserez par la suite pour réaliser les modèles définitifs. Vous en devinerez aisément la raison : il vous sera facile de marquer, avec un stylo, les éventuelles corrections qui seront apportées, au cas par cas, à la suite des essais en vol.

Les corrections d'assiette sont nécessaires avant le grand vol définitif. En effet, et la pratique vous le montrera, il ne suffit pas de conférer au modèle l'assiette appropriée, en pliant correctement les ailes ou le gouvernail de queue, en se référant uniquement aux indications données : un nombre important de facteurs peut intervenir et modifier les données fournies (qui n'ont, en fait, qu'une valeur de moyenne).

Il faut donc procéder progressivement, par « tâtonnements ». Les interventions se limiteront à des sections du plan alaire, restreintes et bien définies. Ensuite, très minutieusement et avec une grande précision symétrique, vous les étendrez au reste de la surface des ailes. À chaque variation doit correspondre un premier essai de lancement, puis une « contre-épreuve ».

Dans la plupart des cas, il faudra procéder au rééquilibrage de l'assiette générale du modèle, en agrandissant ou en restreignant de nouvelles portions de l'aile, en allant un peu au-delà des limites précédemment indiquées.

Le vol de croisière

C'est un type de vol, dit « standard », qui est normalement considéré comme optimal, permettant à l'avion un vol long et harmonieux, en ligne directe.

Il faut que les modèles destinés à ce genre de croisière aérienne soient dotés d'une bonne surface alaire globale mais aussi de dispositifs d'équilibrage et d'un gouvernail de queue bien visible.

Le gouvernail de queue

Ce n'est pas un hasard si la partie de la queue, placée comme un appendice du fuselage, est appelée « gouvernail ».

Comme pour les navires, dans les aéronefs, la route, c'est-à-dire la voie choisie (linéaire, en général), est déterminée par la position du gouvernail (il peut y en avoir deux) :

– **central** et parfaitement perpendiculaire au véhicule, entièrement droit : garantit une trajectoire rectiligne ;

– **décentré** à droite ou à gauche : favorise et détermine un changement radical de trajectoire dans le sens que l'on a voulu donner.

Les ailerons

Les ailerons (volets placés à l'arrière des ailes) jouent quasiment le même rôle que le gouvernail, en particulier pour les modèles les plus simples. Ils aident à obtenir un équilibre en vol en favorisant la portance des ailes et facilitent le maintien d'une ligne de vol rectiligne appropriée, ou, au contraire, lorsqu'on le souhaite, une déviation préétablie et programmée de la trajectoire. Une fois que le modèle et ses trajectoires auront été évalués, il est indispensable que soient apportées les éventuelles corrections d'assiette, en jouant sur l'angle d'inclinaison des aile-

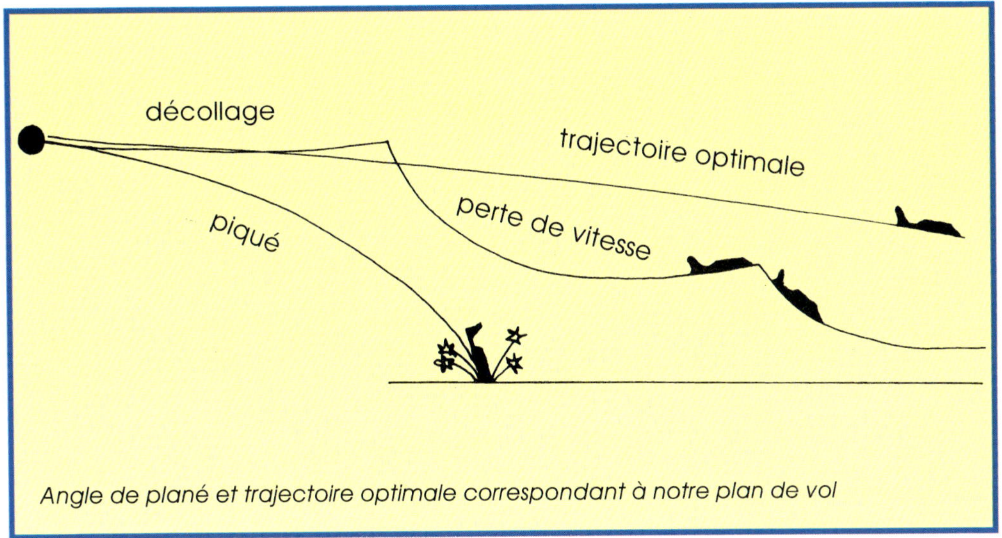

Angle de plané et trajectoire optimale correspondant à notre plan de vol

rons. Veillez à ce que ces corrections soient toujours effectuées d'une manière symétrique. L'usage simultané des deux instruments de direction principaux (gouvernail et ailerons) garantit une fiabilité maximale du modèle, en fonction d'un plan de vol raisonné. On pourra également régler approximativement la direction du ou des gouvernail(s) ainsi que les ailerons (d'une manière plus précise).

Ne vous étonnez pas du fait que le plus imperceptible des réglages d'assiette du gouvernail ou des ailerons provoque une déviation de la trajectoire évidente.

L'importance des premiers essais est liée à votre capacité de saisir d'un coup d'œil le sens idéal du vol et de déterminer, par d'opportunes corrections, l'angle de plané. Notons que le terme « plané » est utilisé en aéronautique pour désigner le trajet accompli en vol par rapport à la distance pouvant être parcourue. Par angle de plané, l'on entend le rapport, toujours mesurable entre le point de départ, l'altitude de lancer (la hauteur) et la distance d'atterrissage (la chute).

Le meilleur angle de plané est celui qui, en fonction de vos exigences ou de votre « plan de vol » supposé, identifie la route et la trajectoire idéales.

La vérification et la correction de l'angle de plané (c'est-à-dire en définitive la mise au point optimale pour un vol idéal) s'effectue en variant micrométriquement la position des plans alaires des stabilisateurs (ou équilibreurs) de la queue :

– **si vous les pliez vers le sol**, ils auront tendance à favoriser, proportionnellement, des situations de perte de vitesse, ils ralentiront (sensiblement, dans certains cas) la vitesse de croisière, réduiront les trajectoires, raccourcissant le trajet. Souvent, cela aura pour résultat, plutôt risqué, de cabrer brutalement le modèle en inclinant dangereusement la « cabine de pilotage » vers le sol : dans ce cas extrême, mais loin d'être rare, un « crash » est inévitable ;

– **si vous les inclinez vers le haut**, vous augmenterez proportionnellement l'ascension des plans de la queue et obtiendrez un abaissement de la cabine de pilotage.

Dans les essais en vol simulés, il sera prudent, au départ, de vous contenter de réglages simples et efficaces (prévus par le projet) et de ne passer que progressivement à la phase de modification avec de petites incisions et pliages des plans alaires et du gouvernail.

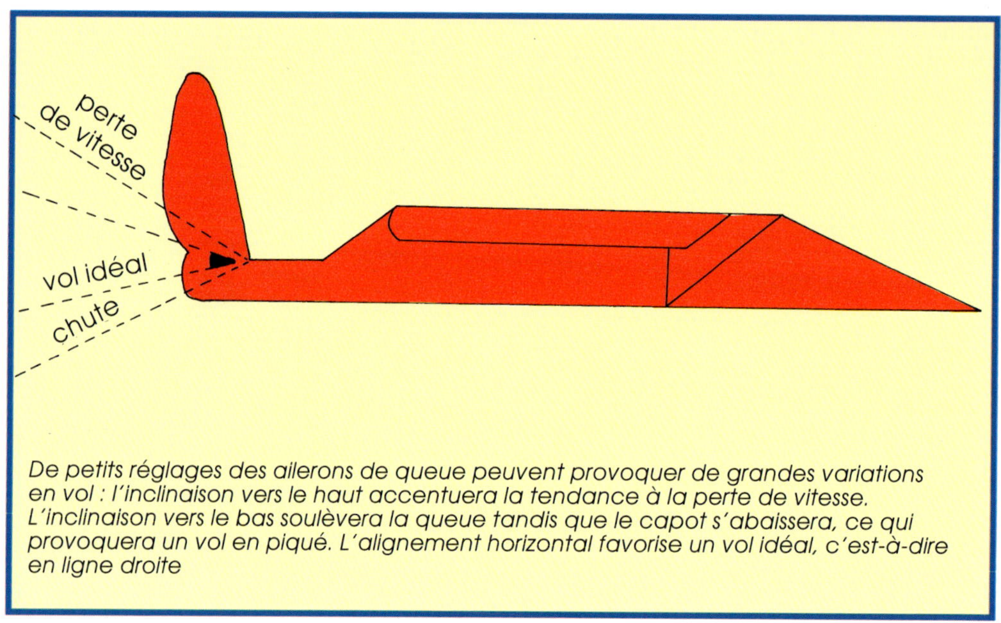

De petits réglages des ailerons de queue peuvent provoquer de grandes variations en vol : l'inclinaison vers le haut accentuera la tendance à la perte de vitesse. L'inclinaison vers le bas soulèvera la queue tandis que le capot s'abaissera, ce qui provoquera un vol en piqué. L'alignement horizontal favorise un vol idéal, c'est-à-dire en ligne droite

Il est généralement recommandé de tester le modèle sur des trajets en ligne droite, avec une vitesse de lancer modérée, après avoir incliné uniquement les stabilisateurs vers le bas, en légère position de perte de vitesse. Une fois que vous aurez réalisé ce premier vol dans ces conditions, au cours des suivants, vous inclinerez encore plus les stabilisateurs vers le sol, jusqu'à ce que vous obteniez, après d'autres vols, l'angle de plané considéré comme idéal.

Le vol circulaire

Si le vol plané en ligne droite constitue l'objectif de tous nos efforts, n'oublions pas que le « grand cirque » aérien est riche, également, de vols audacieux, de zigzags et autres loopings. En fait, un bon lancer doit permettre à l'avion d'effectuer dans le ciel, dans un premier temps une trajectoire linéaire puis, après un virage rapide, d'atteindre le point d'arrivée au sol prévu. Bien entendu, le tout devra avoir été déclaré à l'avance et obtenu à la suite d'une longue série d'essais méticuleux et « secrets ».

Dans ce cas, si vous voulez être à la hauteur des « pilotes » les plus expérimentés de ce genre de modèles, il vous faudra préparer le modèle pour un vol en assiette de plané linéaire puis effectuer un lancer en maintenant une inclinaison de l'aile (sur la droite ou la gauche, selon les cas) de 45° environ, sur l'horizon. Enfin, vous lancerez l'avion avec une inclinaison nette vers le haut : sous l'effet de l'inclinaison de l'aile, après avoir visé vers le haut, d'une façon rectiligne, vous verrez votre modèle planer doucement avec un virage (programmé) à droite ou à gauche vers le sol.

Erreurs et remèdes

Il arrive que, malgré les essais de lancement et la succession de corrections apportées, le modèle suive des trajectoires de vol vers la droite ou la gauche, ne correspondant pas du tout à vos attentes. Ne vous en étonnez pas : cela arrive à tout le monde. Il faudra vous armer de patience et rechercher les raisons de cette obstination dans les lignes de pli des ailes du prototype : vous découvrirez très certainement que cette anomalie est due à une mauvaise symétrie du pliage des ailes. Si vous ne voulez ou ne pouvez refaire ce modèle avec plus de précision, la meilleure solution consiste à placer le fuselage du modèle réduit parallèlement au bord d'une table, pour régler, par pression des paumes de la main, les lignes de pliage de l'une ou de l'autre des ailes.

La mise au hangar

Après les essais et, surtout, après les séances de jeu et de compétition libre, nous vous recommandons de récupérer votre modèle le plus soigneusement possible si vous ne voulez pas gâcher le fruit de tant de travail et la source de tant de plaisirs potentiels.

Les dommages

Si l'avion n'est plus utilisable du fait d'un certain nombre d'incidents de vol, ne l'abandonnez pas sur l'herbe, jetez-le dans une corbeille à papier. En cas « d'accident » léger ou d'une longue traversée aérienne, vous pourrez réparer les dégâts sur place. Les parties les plus délicates sont les surfaces des ailes et le capot :
– les **ailes**, après une série de vols ininterrompus, ont tendance à perdre leur élasticité aux pliures et à prendre des positions non conformes au standard indiqué ci-dessus ;
– le **capot**, après tous les atterrissages effectués (invariablement sur la pointe), tous ces accidents de vol (impact contre les murs des maisons, les lampadaires, les branches hautes des arbres), termine toujours plutôt mal en point.

D'ailleurs, même une prairie très humide ou un vent trop poussiéreux peuvent, dans une certaine mesure, provoquer des dommages sensibles à l'aérodynamique du modèle. En effet, si un « avion » est surchargé de poussière, de pollen ou de terre, ses caractéristiques aérodynamiques seront substantiellement altérées et il pénétrera moins bien la masse d'air. En outre, si le papier est trop humide, il se détrempe et se déforme.

L'entretien

Voici, au cas par cas, les précautions à prendre pour bien conserver votre modèle :
– **d'une manière générale**, il est conseillé de l'épousseter avec un gros pinceau à soies douces, à la fin de chaque séance d'essais ou de compétitions ;
– **s'il est humide**, faites-le sécher, avant de procéder à toute réparation, sur un plan de travail à l'ombre et bien aéré ;
– **pour rendre leur élasticité à ses ailes**, marquez à nouveau les lignes de pli avec la paume de votre main, sur un rebord à l'épaisseur uniforme ;
– **le capot de l'avion**, dans les cas les moins graves, peut être réparé en le serrant fort entre deux planchettes de bois, après l'avoir mis en place, les plis bien étirés.

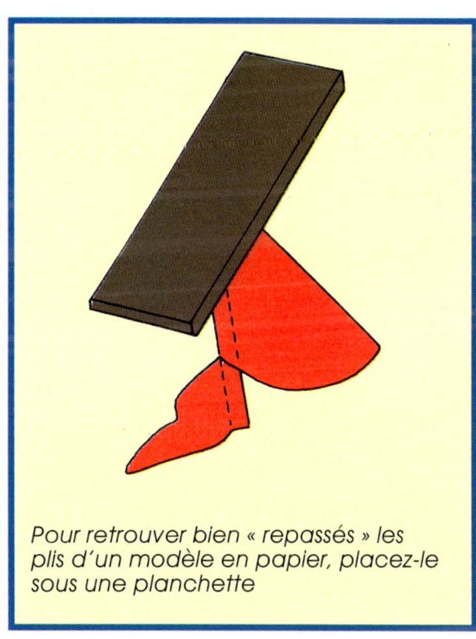

Pour retrouver bien « repassés » les plis d'un modèle en papier, placez-le sous une planchette

Le transport au repos

Le meilleur moyen de transporter un modèle est de le conserver dans un classeur
en carton ou en plastique rigide (par exemple pour feuilles à dessin) ou bien dans un
grand livre à la couverture cartonnée.
Dans tous les cas, il est conseillé de faire
en sorte que les plis des ailes et des stabilisateurs soient ouverts, tandis que ceux du
fuselage seront fermés. De cette manière,
vous éviterez d'affaiblir la structure des
parties les plus sollicitées en vol, et, dans
le même temps, vous faciliterez les opérations de réglage de l'assiette avant le lancer. Le rangement nécessite une attention
toute particulière. La meilleure méthode
de « mise au hangar » consiste à le placer
sur une étagère, les ailes refermées et
aplaties sur elles-mêmes. Si vous voulez
exposer « vos œuvres » d'une manière
plus gratifiante pour leur « créateur »,
vous pourrez les placer sur une petite table
ou une étagère (à condition de les débar-
rasser de tout autre objet pour éviter que
les ailes et le fuselage ne soient endom-
magés à leur contact), mais dans une position qui évite les tensions artificielles.

Pour bien conserver les « plis » d'un modèle, il est conseillé de le placer entre les pages d'un gros livre

LES MODÈLES RÉDUITS

Si vous voulez voler par l'imagination, en feuilletant les pages qui suivent, vous disposerez de modèles de tous les types d'aéronefs, militaires et civils : avion à réaction camouflé, jet civil d'entraînement, petit avion à double empennage pour le lancement de véritables commandos parachutés et une mystérieuse « aile volante », capable d'échapper à toute interception radar. Vous serez en mesure de fabriquer sans difficulté ces modèles en découpant et en assemblant les parties qui composent les différents schémas, à condition que vous fassiez preuve de patience et de précision et que vous suiviez scrupuleusement nos instructions.

✔ Les **pièces** pourront être photocopiées et, éventuellement, agrandies. Vous les découperez ensuite en suivant les lignes indicatrices. Ensuite, vous les collerez sur du carton, puis les colorerez avec du pastel, des feutres, des crayons, etc. Il est également possible d'ajouter des autocollants.

✔ Pour éviter toute confusion, il est conseillé de reporter **l'ensemble du schéma** sur le même carton et de découper au fur et à mesure les différentes pièces (ou parties), en suivant les indications du projet et de ses illustrations.

✔ Les **pointillés** (- - - ou – · – · – ·) indiquent le point de pliage qui devra être exécuté dans le sens indiqué par les flèches.

✔ Pour joindre le mieux possible les différentes parties, il est conseillé d'utiliser de la **colle** en stick, ou du mastic de caoutchouc, que vous étalerez avec une palette carrée. Dans tous les cas, éliminez les éventuels excédents et, aux articulations, ne dépassez jamais les limites indiquées dans le modèle.

✔ Si les parties les plus petites du modèle **se cassent ou sont mal finies**, il faudra les refaire. Photocopiez-les à nouveau ou bien réparez-les en les collant sur un support en papier très léger.

✔ Une fois le montage terminé, avant le collage définitif de toutes les structures portantes, **vérifiez attentivement** que le modèle correspond au schéma.

✔ Lorsque tous les points de collage seront bien secs et adhérents, il ne vous restera plus qu'à donner la meilleure position possible à chacune des parties.

Les modèles classiques et fantaisie

Quelques pliages, parfois quelques découpages pour mille vols extraordinaires : vous ne pouvez imaginer tout ce que l'on peut faire avec une feuille de papier et toutes les satisfactions que l'on peut en retirer.

Attention, pourtant ! un pli mal venu, une erreur d'évaluation, un passage mal résolu et vous risquez de vous retrouver avec un modèle différent de ce qui était prévu.

Consolez-vous : il sera peut-être plus intéressant encore, et peut-être même, pourra-t-il voler ! Une série d'essais dans le ciel de votre chambre, quelques corrections et retouches et de nouvelles possibilités de vol se présenteront peut-être !

En effet, vous trouverez, dans cet ouvrage, peu de modèles traditionnels : un grand nombre de ceux qui vous sont proposés sont le fruit de trouvailles dues au hasard. Ce sont souvent des variantes un peu « folles » de projets plus classiques.

En fait, nous sommes bien convaincus que nos indications ne constitueront qu'un point de départ qui vous permettra de développer vos talents manuels et la créativité qui est en vous.

LE HARICOT VOLANT

MATÉRIEL NÉCESSAIRE

✔ une feuille de papier ou de carton fin et souple

✔ une paire de ciseaux

✔ deux pinces à linge

Ce modèle est un exemple de ce que nous avons évoqué au début de cet ouvrage : c'est-à-dire que la science du vol doit beaucoup à la nature.

RÉALISATION

Découpez un petit rectangle de forme allongée et pliez-le en deux, horizontalement.
Coupez en deux une des deux parties, de manière à obtenir deux languettes qui joueront le rôle d'une hélice.
Lestez la partie restée entière avec les pinces à linge.
Pliez les languettes de manière à en replier une sur l'avant et l'autre sur l'arrière.

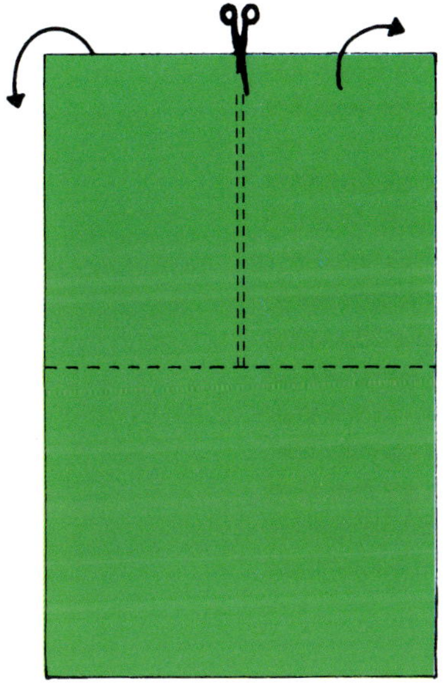

ESSAI EN VOL

Prenez le modèle replié et lancez-le avec force, vers le haut, le plus haut possible : l'impact dans l'air provoquera une ouverture des hélices repliées et fera tourner vertigineusement le modèle qui montera encore. Une fois l'énergie initiale épuisée, le modèle semblera s'arrêter, restant suspendu pendant une fraction de seconde, puis entamera une descente extrêmement rapide.

MATÉRIEL NÉCESSAIRE

✔ deux feuilles de papier léger, carrées ou rectangulaires

✔ une paire de ciseaux

✔ un peu de colle

Ce modèle, assez original, est caractérisé par sa double structure alaire (d'où son nom) et par sa double timonerie de queue : un gouvernail classique et un autre, de forme cylindrique.

RÉALISATION

Placez les feuilles les unes sur les autres et réalisez deux plis en croix (*fig. 1*).
Reprenez-les, retournez-les et trouvez les diagonales (*fig. 2*).
Étendez à nouveau les feuilles et placez **a** et **b** sur le point **c** (*fig. 3*) : vous obtiendrez, l'un sur l'autre, deux doubles triangles rectangles (*fig. 4*).
Pliez un tiers du triangle, en amenant le sommet d'abord vers le bas puis vers le haut (*fig. 5*).
Pliez en deux la figure, en conservant le petit triangle à l'intérieur (*fig. 6*), puis pliez les ailes au niveau de la ligne en pointillés. Relevez les ailes en les disposant à angle droit par rapport au fuselage de l'avion. Ces opérations doivent être effectuées sur des feuilles de papier carrées et, si vous le souhaitez, vous pouvez utiliser le modèle dans cette configuration, mais il est aussi possible de fabriquer le fuselage et les plans de la queue.

FUSELAGE ET PLANS DE LA QUEUE

Découpez une bande de papier, longue et étroite et coupez en pointe un des côtés les plus courts (*fig. 7*). Réalisez un trapèze en papier (*fig. 8*) et collez-le sur la bande, en guise de gouvernail (*fig. 9*).

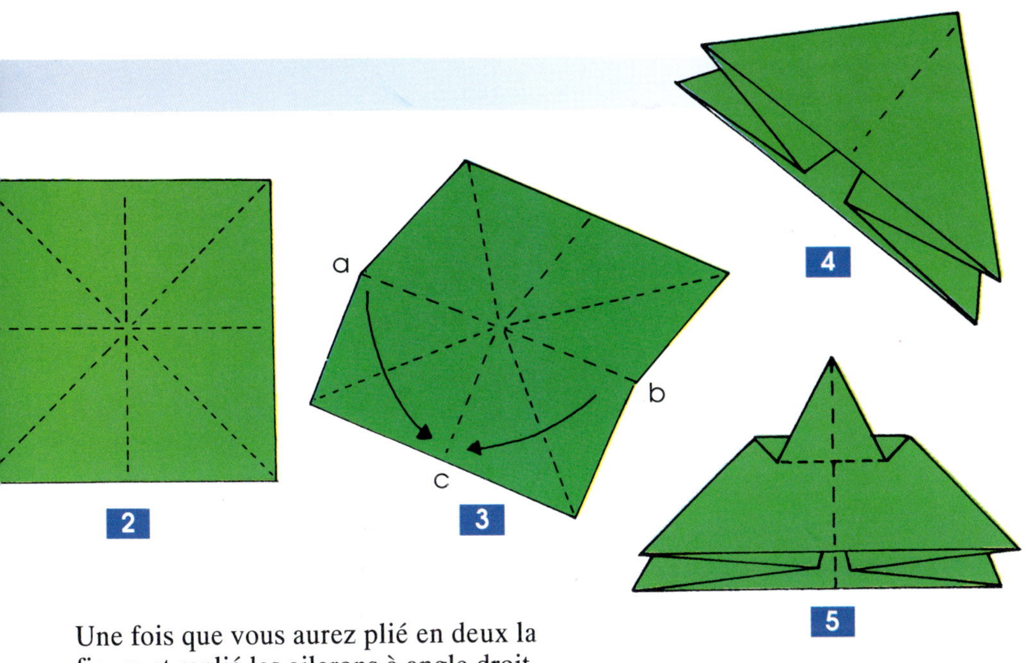

Une fois que vous aurez plié en deux la figure et replié les ailerons à angle droit, enfilez la bande entre les ailes, dans la partie érigée de l'avion que vous bloquerez avec deux points de colle.

En revanche, si vous avez utilisé des feuilles rectangulaires, vous pourrez obtenir le même résultat en découpant le bord arrière des ailes puis la partie supérieure de la carlingue, quasiment jusqu'au bout des feuilles.

Une fois que les doubles ouvertures alaires seront parfaitement planes et parallèles, joignez, en anneau, avec de la colle ou de l'adhésif transparent, les plans supérieurs de la queue et repliez les autres en angle droit.

ESSAI EN VOL

Un bon modèle réduit d'avion de voltige (c'est le cas de celui-ci, même s'il se limite au looping et au « lacet ») donne le meilleur de lui-même s'il est lancé avec un angle accentué (45° environ sur la ligne d'horizon). Il ne nécessitera pas de poussée ascensionnelle particulièrement violente. Si vous pouvez lui offrir de vastes espaces, ce modèle verra toujours le monde à l'envers.

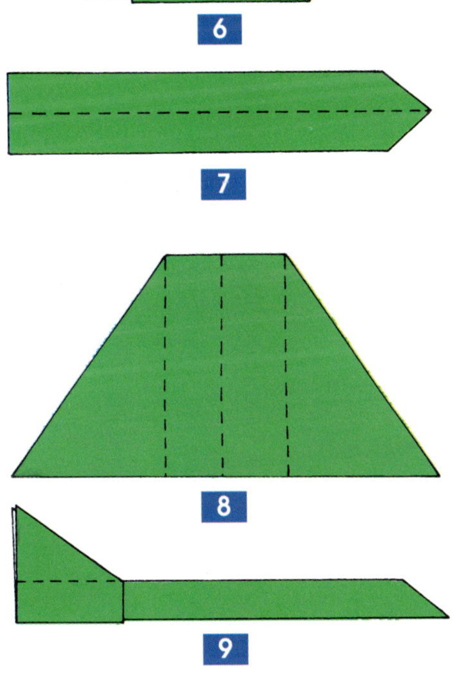

MATÉRIEL NÉCESSAIRE

✔ une feuille de papier quadrillé carrée ou rectangulaire

✔ une paire de ciseaux

Voici un modèle assez inhabituel caractérisé par une rareté pour les avions en papier : un gros train d'atterrissage véritablement fonctionnel, d'où son nom.

La réalisation de ce modèle ne présente pas de difficultés particulières, même si, au cours du pliage, le risque d'une déchirure n'est jamais à exclure, à cause du gros capot, constitué de plusieurs couches superposées, obtenues en repliant le papier.

RÉALISATION

Effectuez deux plis en croix sur la feuille (*fig. 1*).
Reprenez-le, tournez-le et trouvez les diagonales (*fig. 2*). Dépliez-le et ramenez **a** et **b** sur le point **c** (*fig. 3*) : vous obtiendrez deux triangles rectangles superposés (*fig. 4*).
Pliez le triangle supérieur en amenant **d** et **e** sur **f** (*fig. 5*).
Pliez une petite partie du sommet, d'abord vers le bas, puis vers le haut (*fig. 6*).
Pliez en deux la figure (*fig. 7*), en maintenant le petit triangle à l'intérieur, pliez les ailes vers le haut (*fig. 8*).
Découpez le fuselage et les plans de la queue ou construisez-les comme indiqué pages 22 et 23.

ESSAI EN VOL

Lancez ce modèle, la « crête » triangulaire vers le bas : ce point de contact pour le lancer sera, simultanément, un véritable train d'atterrissage.
Effectuez le lancer en gardant, serré entre vos doigts, le centre du train qui, de

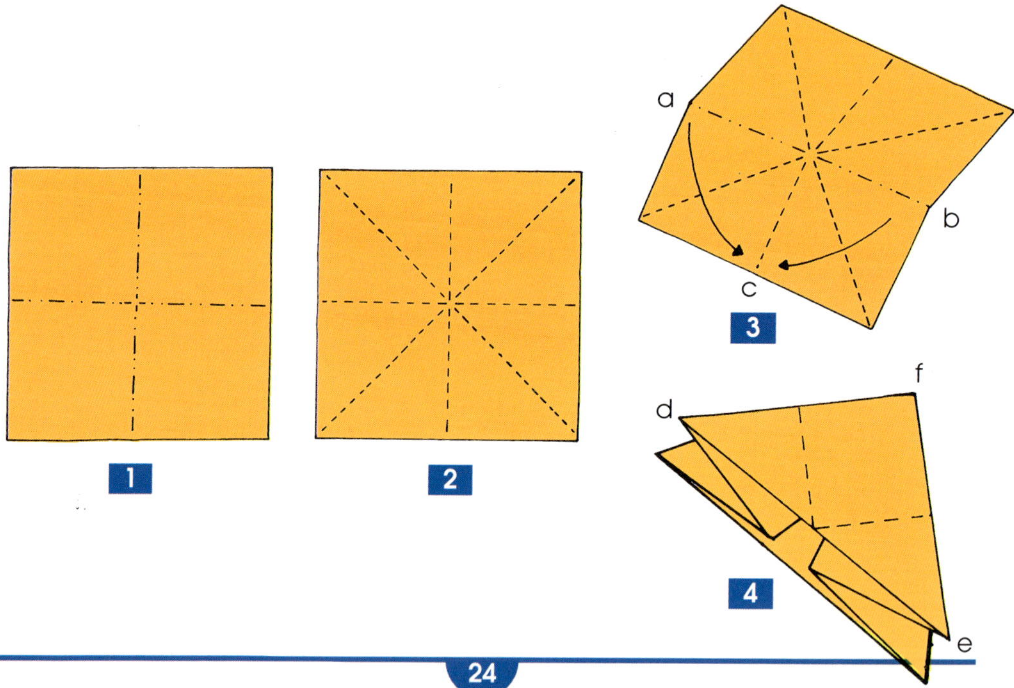

la sorte, non seulement offrira un point d'appui bien calibré, mais contribuera à maintenir le plan alaire en position en V renversé, bien à plat.
Une légère poussée est nécessaire, de préférence avec l'objectif de réaliser un vol à l'horizontale.
Ce modèle extraordinaire, au terme d'un vol modérément acrobatique, atterrira invariablement sur ses « roues ».

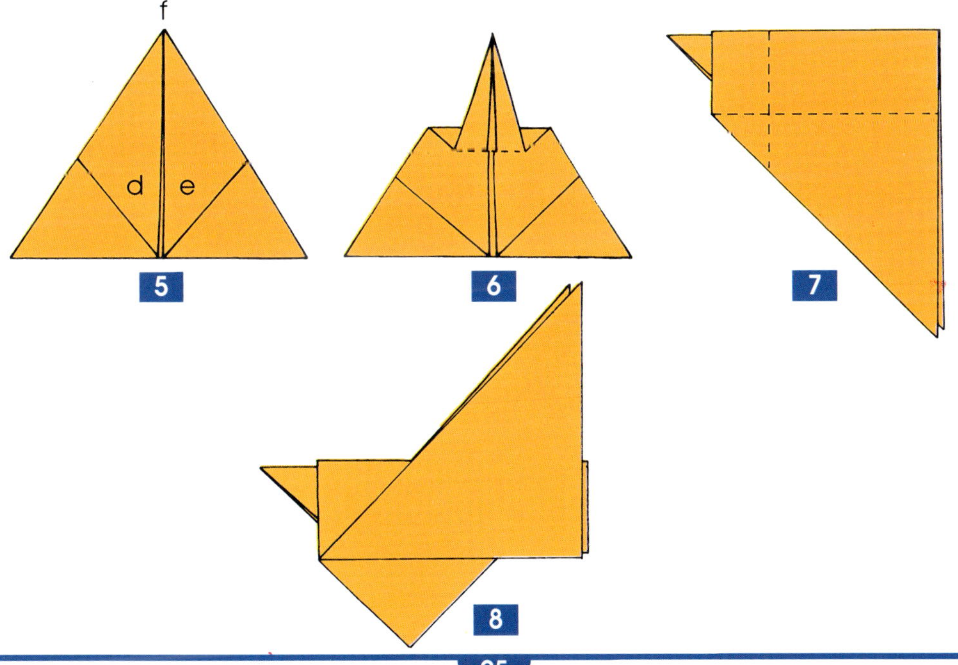

MATÉRIEL NÉCESSAIRE

- ✔ un carton flexible et léger
- ✔ un peu de colle
- ✔ un cutter
- ✔ une règle

Il s'agit d'un modèle étrange, difficile à classer parmi les objets volants : une grosse flèche ? peu probable. Est-ce la synthèse hardie d'un gros hélicoptère à double rotor ? non, ou bien … peut-être ; un missile dans sa phase ultime ? Il s'agit probablement de tout cela et de beaucoup plus : vous ne tarderez pas à vous en apercevoir lors des premiers essais en vol.

RÉALISATION

Reproduisez le modèle sur un carton, en découpant une figure d'au moins une trentaine de centimètres de longueur. Découpez soigneusement les contours de cette forme et, faisant correspondre la règle et les traits en pointillés, procédez à une légère incision, limitée à la surface du carton. Pliez les lignes en pointillés et repliez la feuille, en suivant la direction des flèches de la figure (*fig. 1*) : vous obtiendrez une figure à section triangulaire (*fig. 2*).
Collez la languette **a** sur la face **b** sur la-

quelle elle est repliée et vous obtiendrez le fuselage.

Découpez maintenant dans la feuille de carton six rectangles de 7 ou 8 cm de longueur, ou bien, si vous êtes très habile et entraîné, six véritables ailerons triangulaires, de dimensions diverses.

À une extrémité du fuselage, non loin du bord, fixez, d'une manière équidistante, trois petits rectangles : à l'autre extrémité, fixez les trois autres, en les décalant par rapport aux premiers.

Ce modèle évoque maintenant, de par sa structure, une sorte de « tire-bouchon aérien » : il est prêt pour les essais en vol.

ESSAI EN VOL

Ce modèle est une machine volante sophistiquée, capable de performances en vol étonnantes. Il est en mesure d'accomplir les missions les plus variées. Opportunément équilibré, il peut accomplir de longues traversées rectilignes. Il « plane » superbement et ne résiste pas à la tentation de quelques exercices de « haute voltige ».

À la différence des autres, ce modèle, lancé avec force vers le haut, avec une inclinaison très accentuée, se transforme en un véritable boomerang ailé qui reviendra très vite entre les mains du pilote.

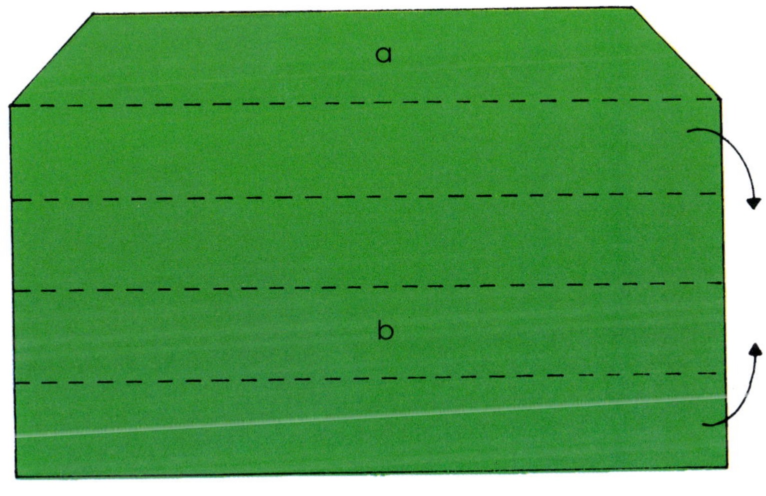

1

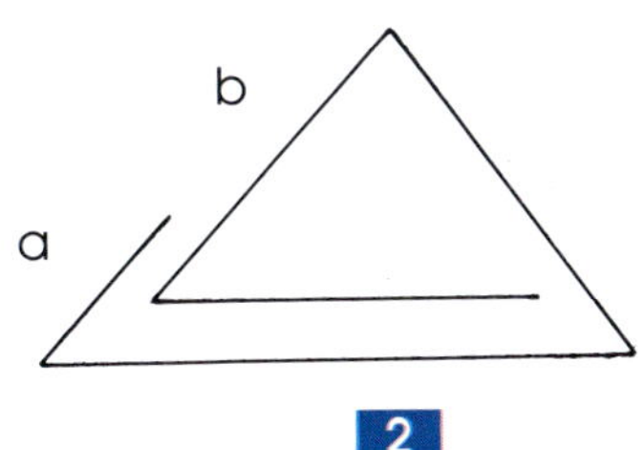

2

MATÉRIEL NÉCESSAIRE

- ✔ une feuille de papier rectangulaire ou carrée
- ✔ une paire de ciseaux
- ✔ un cutter
- ✔ une règle

Ce modèle est caractérisé par la partie dorsale de la carlingue, très évidente, qui le rend facilement reconnaissable. Ceci mis à part, il est incroyablement bien équilibré et tout à fait adapté aux longs trajets. On peut, sans craindre de se tromper, le classer parmi les planeurs.

RÉALISATION

Réalisez sur la feuille deux plis en forme de croix (*fig. 1*). Ouvrez-la à nouveau, tournez-la et trouvez les diagonales (*fig. 2*). Étalez à nouveau la feuille et placez **a** et **b** sur le point **c** (*fig. 3*). Vous obtiendrez alors deux triangles superposés dont vous couperez le sommet (*fig. 4*). Pliez le triangle supérieur portant **d** et **e** sur le point **f** de la ligne médiane, ce qui donnera une figure en losange sur la figure triangulaire (*fig. 5*). Pliez la figure vers l'intérieur (*fig. 6*), puis rouvrez-la en la pliant le long des lignes en pointillés (*fig. 7*). Le modèle est alors quasiment prêt : il manquera le fuselage et l'empennage que vous réaliserez selon les indications des pages 22 et 23.

TECHNIQUE DE LANCER

Si vous attrapez ce modèle à un quart de la pointe, il s'échappera facilement de vos mains. Au gré du vent, il s'en ira pour de longues promenades en vols planés d'une incroyable douceur.

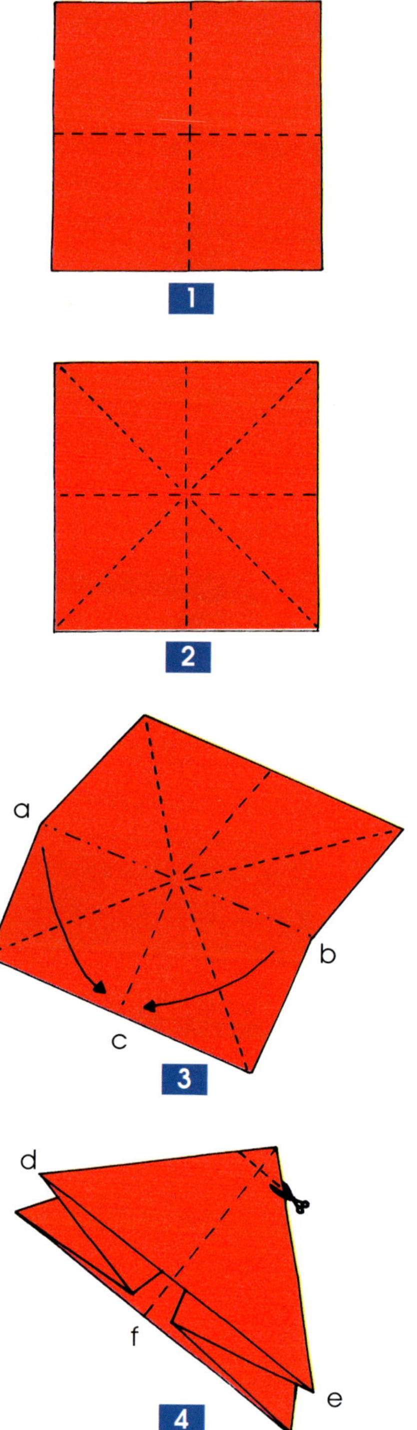

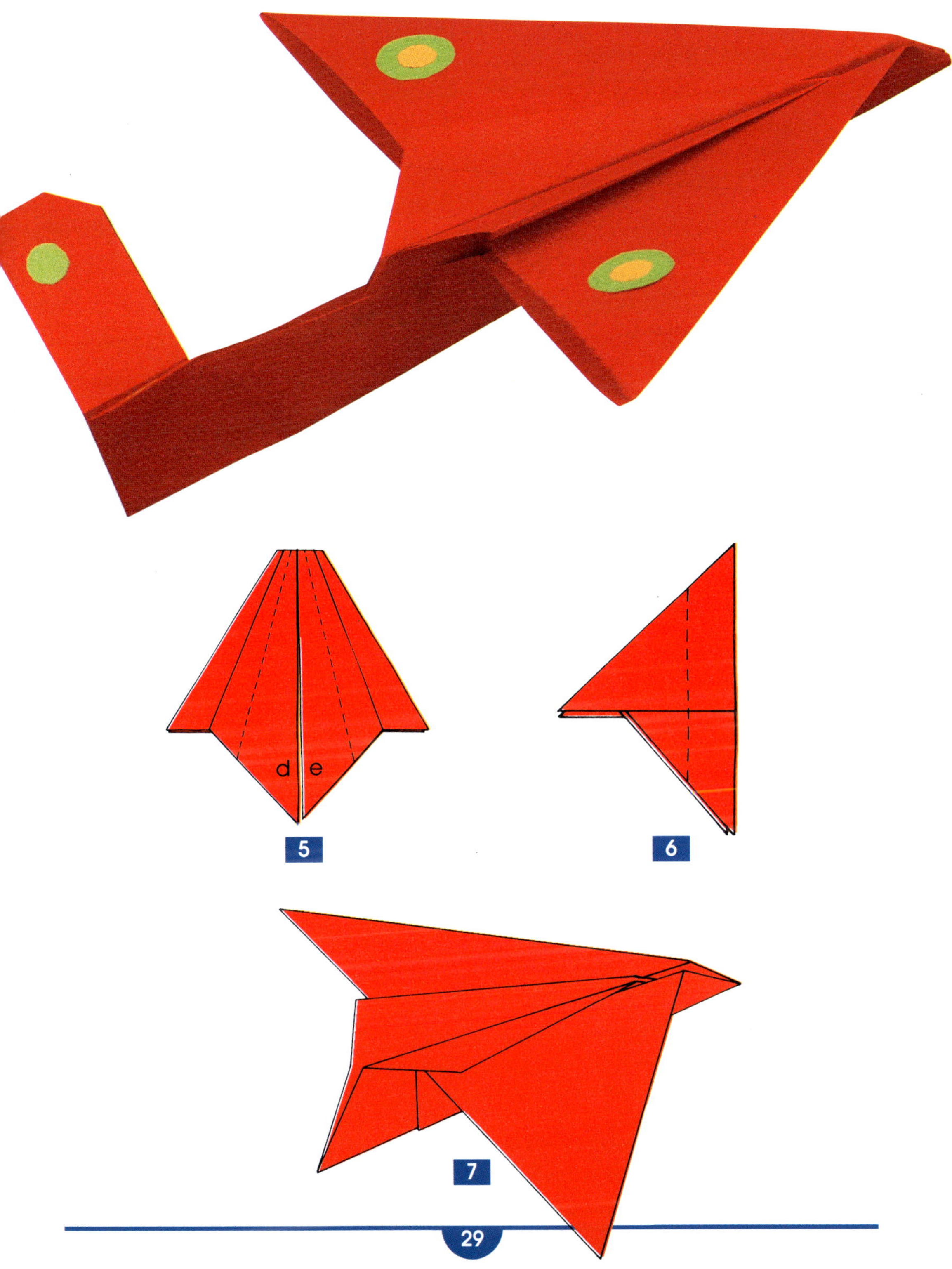
d e
5
6
7

Matériel nécessaire

✔ une feuille de papier carrée

✔ une feuille de papier rectangulaire

✔ de la colle ou du ruban adhésif

Il n'est pas très difficile de mettre au point cette « oie volante », mais cela nécessite beaucoup de patience et certaines prédispositions. Tous les avions ne se ressemblent pas, vous le savez bien : la plupart sont dotés d'ailes à l'avant. Certains, comme celui-ci, les ont à l'arrière. En outre, elles sont tellement englobées dans le gouvernail de queue qu'il ressemble, en vol, à une grosse oie, le cou tendu.

Réalisation

Faites deux plis en croix, sur la feuille de papier (*fig. 1*).
Rouvrez la feuille, tournez-la et trouvez les diagonales (*fig. 2*).
Étalez à nouveau la feuille et ramenez **a** et **b** sur le point **c** (*fig. 3*) : vous obtiendrez deux triangles égaux superposés (*fig. 4*).
Repliez à l'intérieur du triangle supérieur les pointes **d** et **e** (*fig. 4*). Pliez un tiers du triangle, en amenant d'abord la pointe vers le bas, puis vers le haut (*fig. 5*).
Refermez l'ensemble de la figure en la pliant le long de la ligne médiane, vers l'intérieur (*fig. 6*), repliez ensuite toutes les ailes le long de la ligne en pointillés. Pliez maintenant uniquement les ailes supérieures le long de la ligne en pointillés (*fig. 7*).
Pour terminer ce modèle, il ne reste plus qu'à fabriquer la carlingue que vous réaliserez obligatoirement à part (voir *Fuselage et plans de la queue*, pages 22-23), car il faudra l'intégrer à l'avant de la figure.

Si vous le souhaitez, vous pourrez apporter de très nombreuses modifications structurelles et esthétiques. Ainsi, vous pourrez former à la sortie du plan alaire de timonerie un double fuselage, avec, au fond, un plan de queue important.

La longueur et surtout le poids de la carlingue placée devant les ailes revêtent une importance fondamentale. Ces deux facteurs devront être adaptés, au cas par cas, à la situation et au type de performance souhaité.

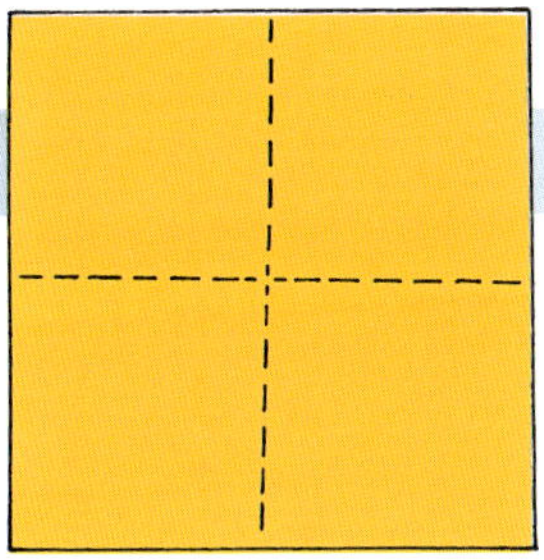

Les gros gouvernails placés au-dessus des ailes devront être placés bien droits et parfaitement parallèles.

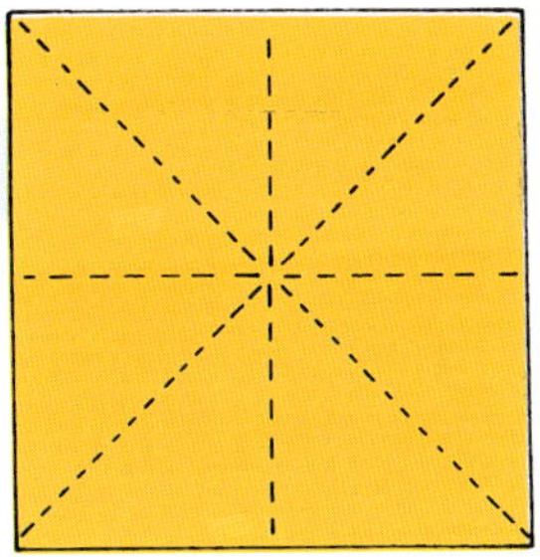

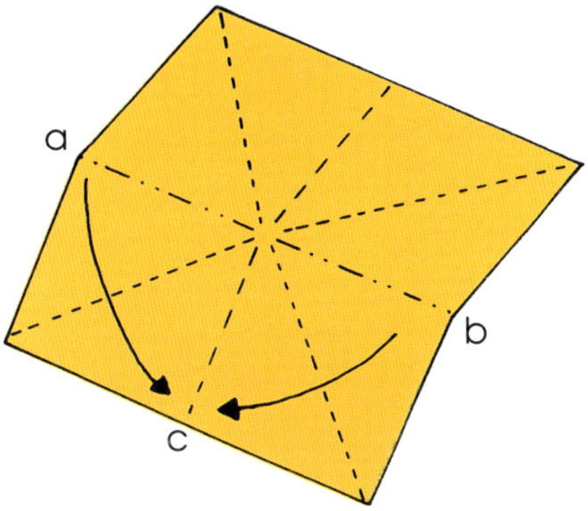

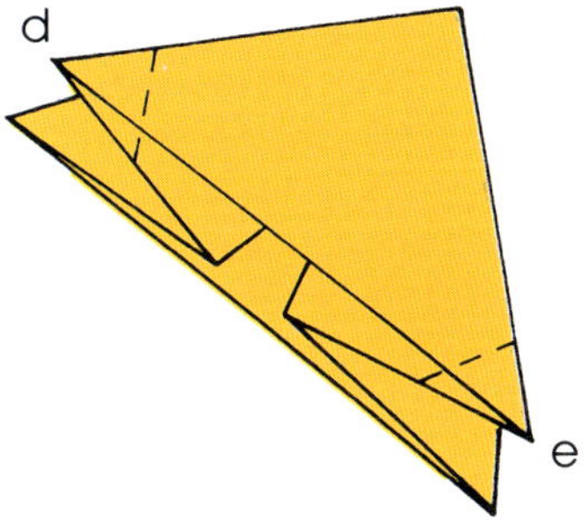

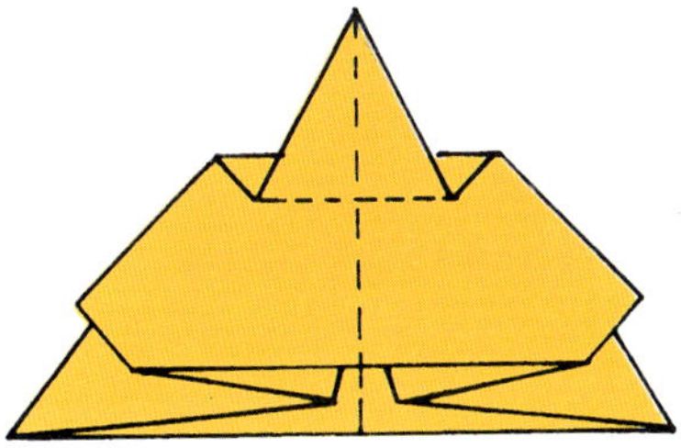

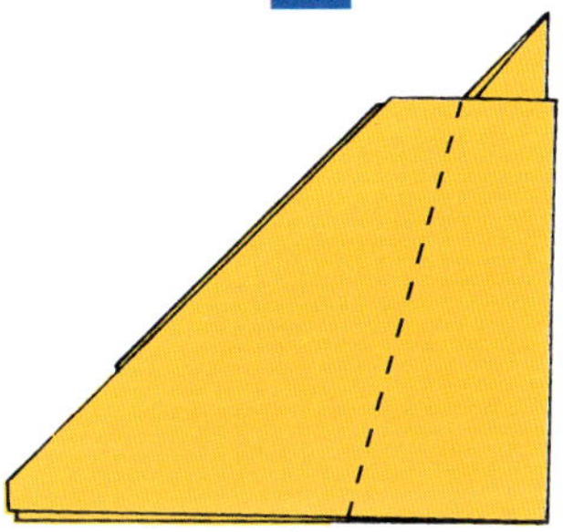

Les ailes, en forme de V plat, pourront être calibrées ultérieurement, en pliant vers le bas les pointes.

ESSAI EN VOL

Le lancer doit s'effectuer avec la puissance d'un ressort, en attrapant entre le pouce et le médium le point d'accrochage du fuselage et en retenant et poussant par l'arrière, avec l'index et la force du bras complètement détendu.

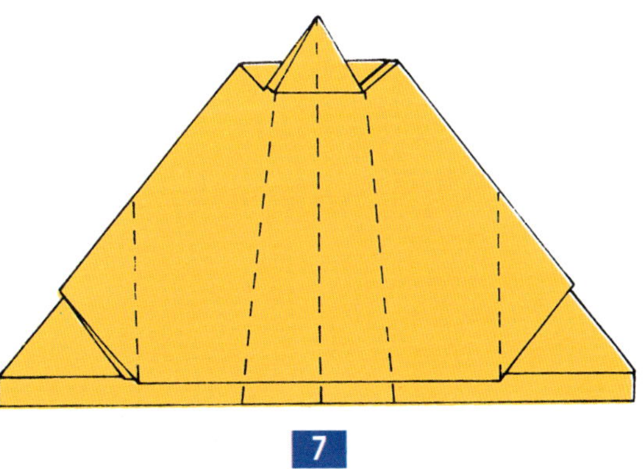

L'AVION À FAIBLE VITESSE

MATÉRIEL NÉCESSAIRE

✔ une feuille de papier rectangulaire

✔ une bande de carton

✔ une paire de ciseaux

Comme le dit le proverbe « Qui veut aller loin, ménage sa monture », ce modèle, lent en ascension, s'avère un bon planeur, pouvant se lancer dans des entreprises hardies. Les illustrations montrent la séquence des phases de pliage grâce auxquelles l'on effectue, en un seul morceau, toutes les parties fonctionnelles de l'avion.

RÉALISATION

Le côté le plus long de la feuille doit mesurer seulement un centimètre de plus que le plus court. Pliez la feuille en suivant les différents pointillés (*fig. 1*).
Pliez **a** et **b** sur **c** pour obtenir deux triangles superposés (la base de celui qui se trouve en dessous dépasse) et repliez le triangle supérieur en suivant les pointillés (*fig. 2*) en ramenant **d** et **e** sur **f**.
Une fois que vous aurez obtenu un losange surmontant un triangle (*fig. 3*), pliez en suivant les pointillés en amenant **g** et **h** sur la ligne médiane vers le bas (*fig. 4*); ouvrez les ailes qui se sont formées et repliez le losange en amenant **g** et **h** sur la ligne médiane, mais vers le haut (*fig. 5*).
Repliez maintenant les sommets **i** et **j** à l'intérieur des ailerons (*fig. 6*), ensuite pliez l'ensemble de la figure en suivant les pointillés et en ramenant la pointe vers l'arrière.
Pliez en deux la figure obtenue (*fig. 7*), en suivant toujours les pointillés. Une fois que vous aurez obtenu les ailes (*fig. 8*),

repliez-les, en suivant les pointillés, vers le bas (*fig. 9*), puis relevez-les et disposez-les à angle droit.
Il ne vous reste plus qu'à vous occuper du fuselage et des ailettes et à les intégrer (voir pages 22-23)

ESSAI EN VOL

Si vous saisissez correctement le modèle entre l'index et le pouce, le lancer ne demandera pas une technique particulière, mais de l'expérience et une bonne

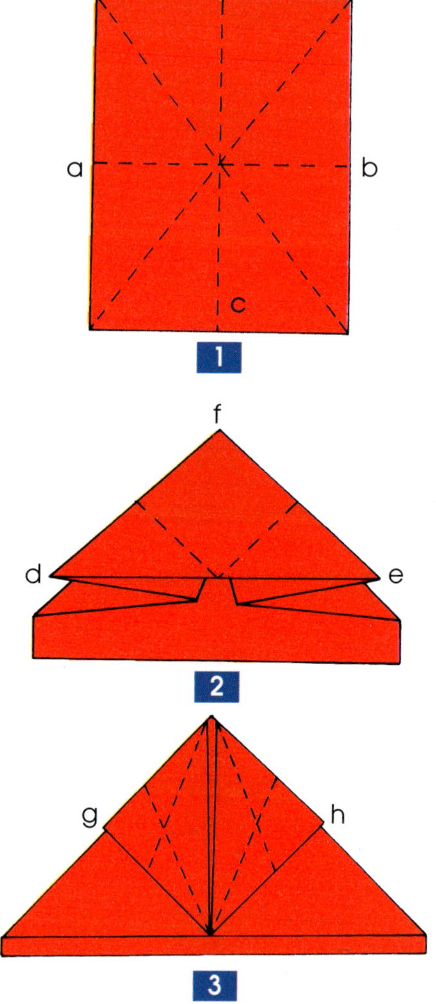

intuition du réglage des éventuels
gouvernails de la queue; sinon il vaut
mieux vous consacrer au lancer de modèles ayant un seul fuselage tronqué.
Le vol ne sera pas des plus merveilleux, mais un redresse-
ment soudain vous garan-
tira de bons moments.

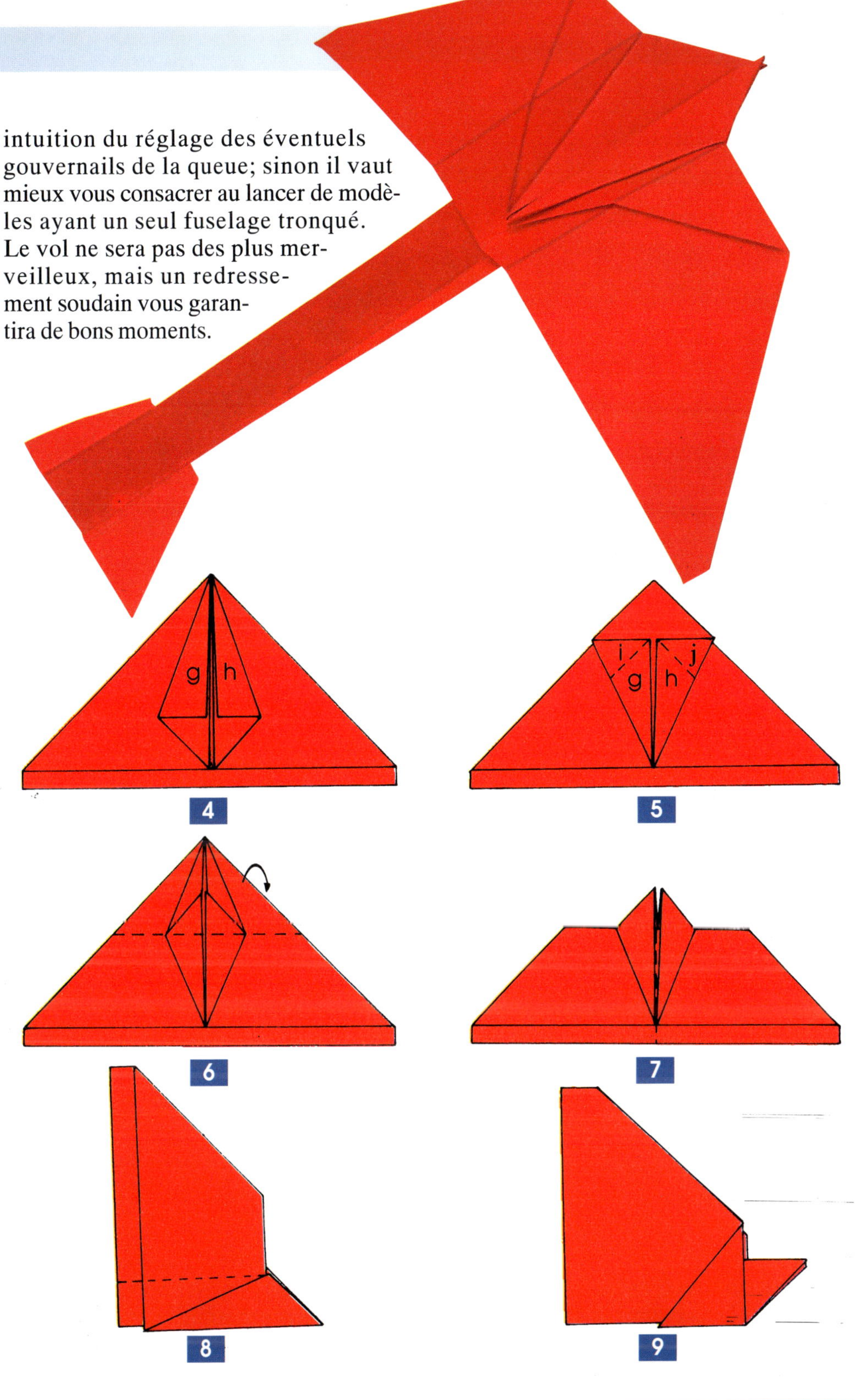

Matériel nécessaire

✔ une feuille de cahier

✔ une paire de ciseaux

✔ un crayon

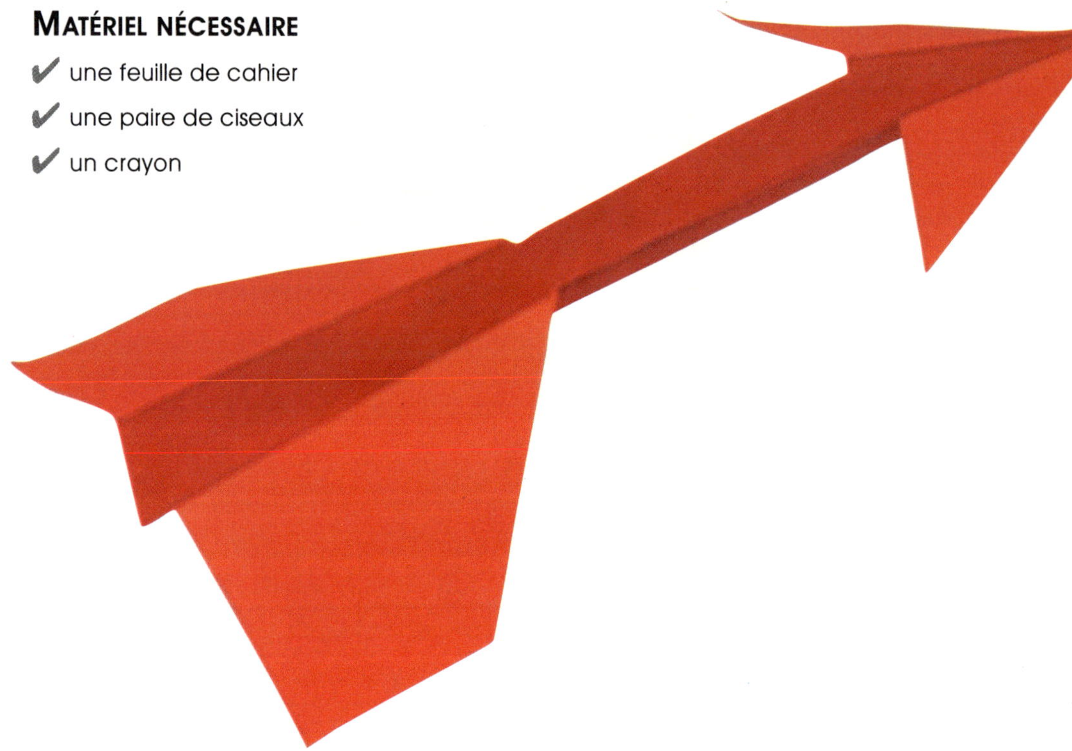

C'est le plus petit et le plus simple des modèles en papier que nous vous proposons. Pourtant, s'il a été correctement réalisé et mis au point d'une manière optimale, à la suite d'une simple session de tests, il pourra accomplir des évolutions surprenantes. Étant donné l'extrême simplicité de sa réalisation, il est possible d'en réaliser une série de plusieurs dizaines (en découpant en une fois un grand nombre de feuilles superposées). Lancés simultanément, ils produiront le plus grand effet.

Réalisation

Dessinez sur une feuille le contour de l'avion (*fig. 1*), aux dimensions souhaitées (limitées tout de même) et découpez-le.

Pliez en deux la silhouette le long de l'axe central (*fig. 2*), pliez les triangles avant et les plans de la queue selon les pointillés.

Ouvrez le capot à 45° et horizontalement et symétriquement les plans de la queue (*fig. 3* et *4*).

Essai en vol

Cette avion ne nécessite pas de techniques de lancer particulier : il suffira d'imprimer une bonne poussée ascensionnelle : tout le reste, imprévisible, viendra tout seul. Étant donné la petite taille de ce modèle, vous pourrez en saisir plusieurs à la fois (quatre, cinq, voire plus) en les superposant et en les lançant vers le ciel simultanément.

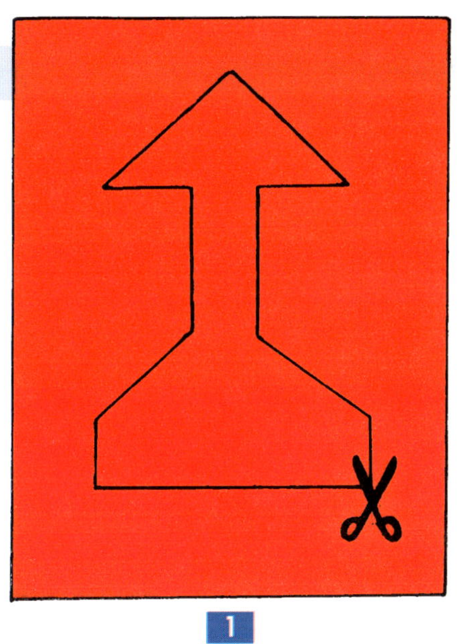

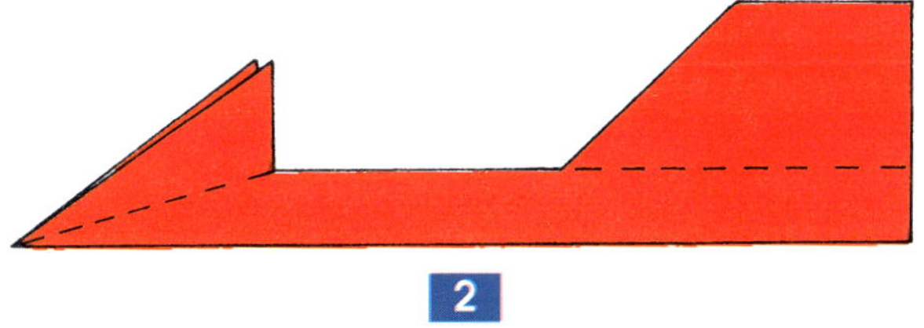

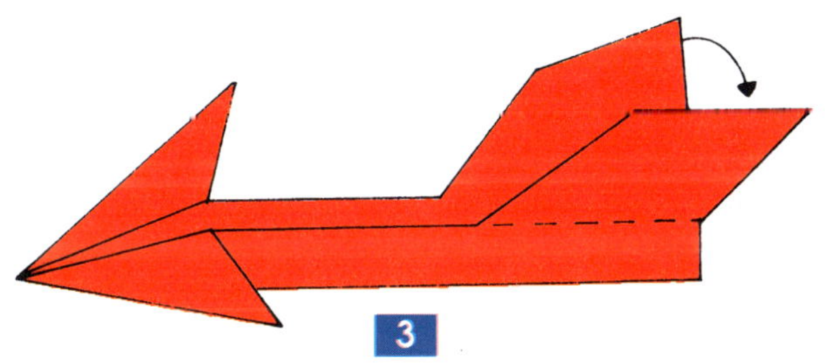

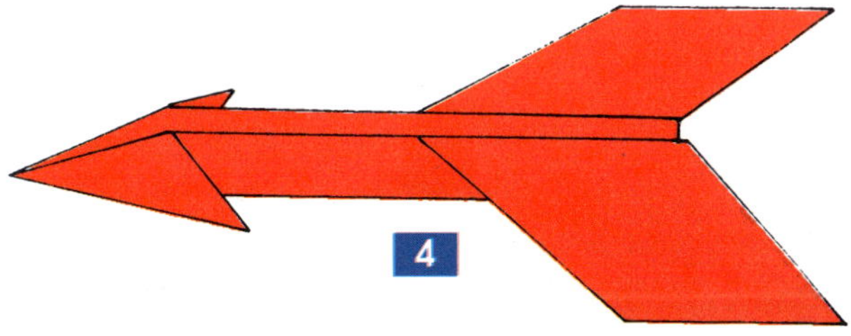

MATÉRIEL NÉCESSAIRE

✔ un carton léger

✔ une paire de ciseaux ou un cutter

✔ un peu de colle

Ce modèle est un véritable « classique », réalisé par découpage puis par assemblage des quelques éléments de structure. Il permettra de longs vols harmonieux.

RÉALISATION

Dessinez sur le carton fin l'élément vertical, la carlingue (*fig. 1*) et les éléments horizontaux, la structure alaire (*fig. 2*) et le gouvernail de queue (*fig. 3*). Déterminez les proportions à votre goût.

Collez sur la carlingue les ailes sur le segment **a**, et, en dessous, le gouvernail sur le segment **b**, puis repliez-les à angle droit. Sur les ailes, au niveau du deuxième pointillé, réalisez un autre pli léger.

ESSAI EN VOL

Procédez à cet essai dans un espace ouvert, si possible ventilé. Pour le lancer,

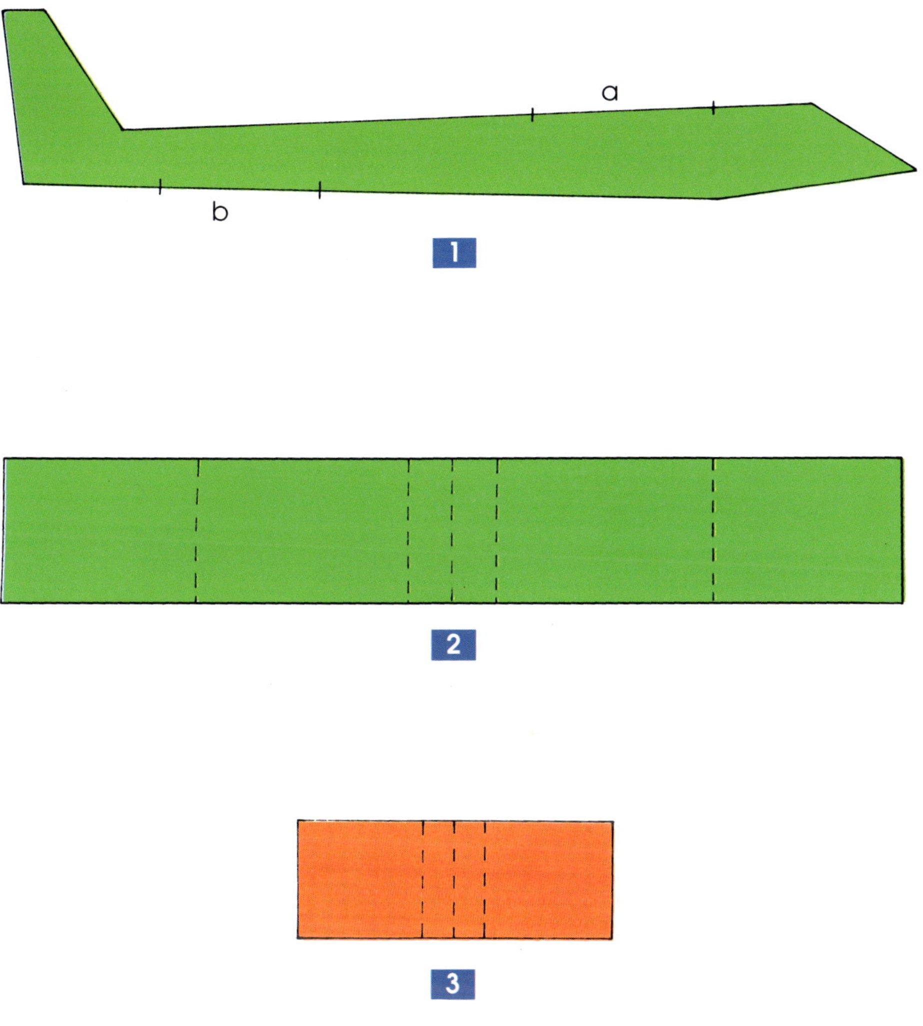

saisissez le modèle sous la ligne de la carlingue, en son centre de gravité exactement. L'avion peut « accrocher » le ciel à partir d'une position immobile, mais le pilote accompagnera la poussée de son propre bras par une brève course sur la « piste ».

Étudiez en détail le comportement de ce modèle avant l'essai en vol. Cela est très important car les résultats de cette expérience vous permettront de déterminer quelles sont les corrections nécessaires. Vous pourrez lester le capot avec de petites billes en plomb enrobées de pâte à modeler. Il est possible également de déplacer le plan alaire vers l'avant ou l'arrière ou bien de modifier l'angle des extrémités du plan des ailes.

MATÉRIEL NÉCESSAIRE

- ✔ un carton léger mais solide
- ✔ quelques feuille de papier coloré
- ✔ un crayon
- ✔ une règle
- ✔ un cutter
- ✔ un bouchon en liège
- ✔ un bâtonnet en plastique rainuré (type manche d'épuisette)
- ✔ une paire de ciseaux ou une perforatrice de bureau
- ✔ des hélices en plastique ou en bois (au choix)
- ✔ un peu de colle à prise rapide ou une pointe à dessin

Ce modèle est une version réduite d'un hélicoptère à ascension verticale. L'énergie du lancer, c'est-à-dire la forte rotation du rotor qui soutient et alimente le mouvement des pales, est fournie, nous le verrons, par le frottement de nos mains.

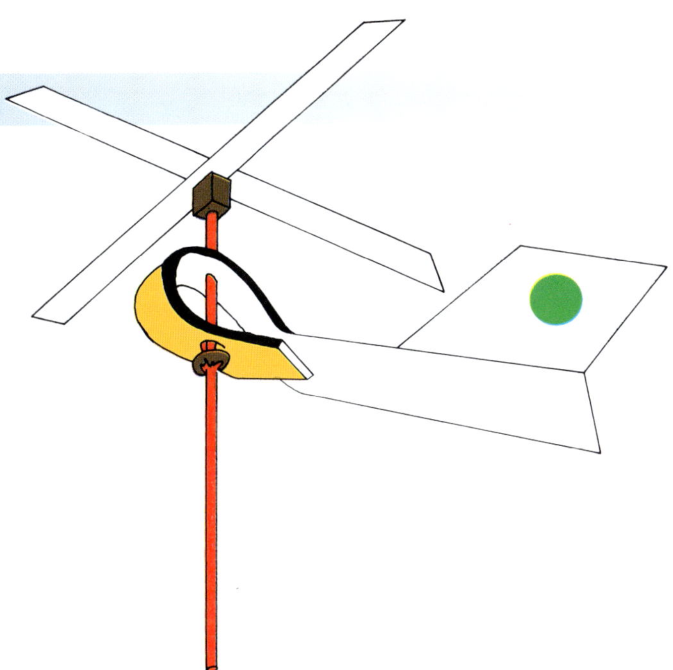

RÉALISATION

Découpez une bande de carton et pliez-le en anneau, en faisant en sorte que le bord externe, au-delà du cercle, reste libre.

Avec un crayon, marquez les points d'entrée et de sortie de l'axe vertical de l'anneau. Étalez à nouveau cette bande en carton, et, aux deux points marqués au crayon, pratiquez, avec les ciseaux ou la perforatrice, des trous permettant le passage du bâtonnet ou d'un crayon.

Recouvrez, si vous le souhaitez, le rectangle avec un carton coloré et collez-en les extrémités en collant définitivement l'anneau.

Positionnez verticalement, sur la partie plane de la bande, le gouvernail de queue découpé dans le carton et collez-le. La construction de la partie centrale du modèle est terminée. Si vous le souhaitez, vous pouvez appliquer sur le modèle de petites hélices en plastique ou en bois que vous trouverez dans des magasins spécialisés en aéro-modélisme. Vous pouvez aussi les réaliser en collant en croix deux longues bandes de carton.

Découpez en deux le bouchon en liège pour obtenir les parties portant le rotor de l'hélice et la suspension de la cabine. Le manche d'épuisette, que vous achèterez dans un magasin spécialisé dans la Chasse et la Pêche, vous donnera l'axe véritable du rotor. Enfilez un demi-bouchon sur ce manche, en le positionnant à environ la moitié de sa longueur. Faites-le passer par les trous pratiqués dans la circonférence du modèle jusqu'à ce qu'il repose sur le plan d'appui constitué par le bouchon.

Enfin, enfilez la deuxième moitié du bouchon et collez sur celle-ci l'ensemble des hélices, en les fixant avec de la colle ou une pointe à dessin.

ESSAI EN VOL

Pour que le modèle puisse s'élever en vol, il faut que les pales tournent très rapidement autour du rotor. Attrapez des deux mains la partie de l'axe qui dépasse, en la faisant rouler dans vos paumes : avec l'axe, les pales et tout le modèle tourneront aussi. L'hélicoptère se libérera de vos doigts et partira dans les airs.

MATÉRIEL NÉCESSAIRE

- ✔ une feuille de papier de cahier ou de type « extra-strong »
- ✔ une bande de papier
- ✔ une règle

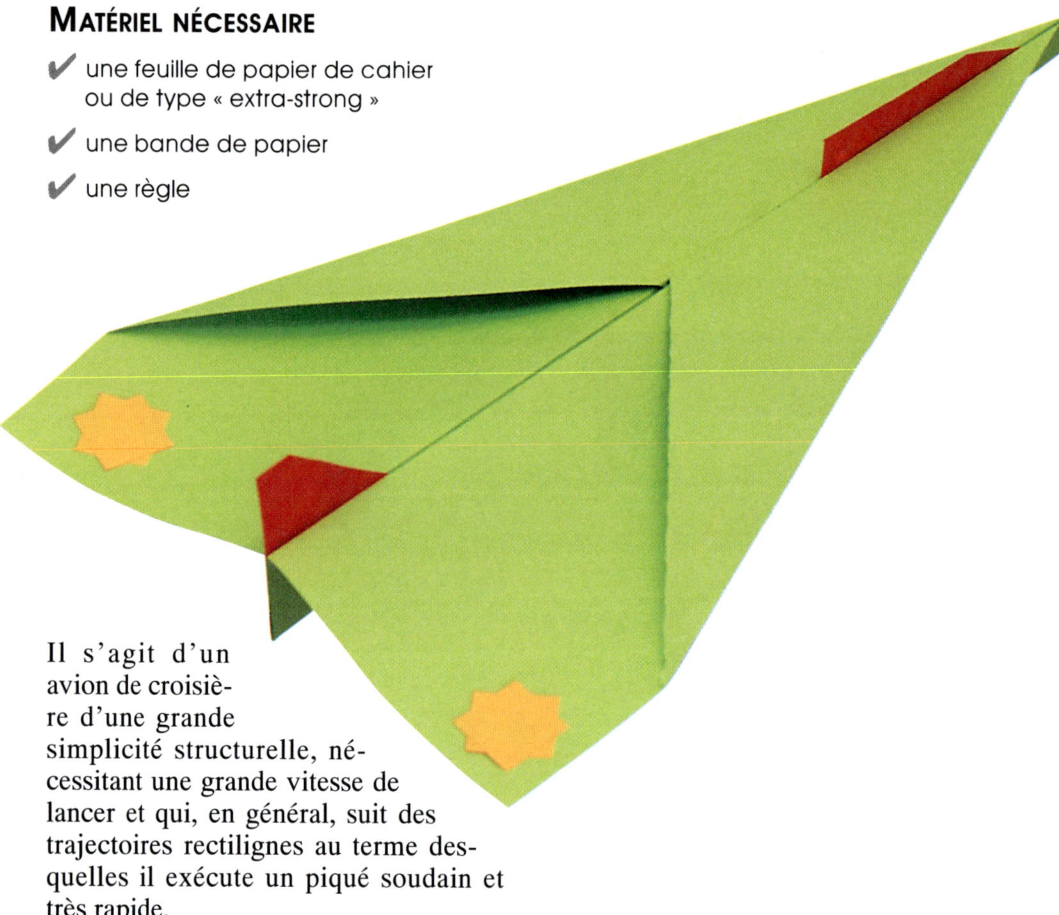

Il s'agit d'un avion de croisière d'une grande simplicité structurelle, nécessitant une grande vitesse de lancer et qui, en général, suit des trajectoires rectilignes au terme desquelles il exécute un piqué soudain et très rapide.

RÉALISATION

Pliez la feuille en deux et repliez **a** et **b** sur la ligne médiane, en les faisant converger sur le point **c** (*fig. 1*).

En partant du point **d**, repliez **e** et **f** (*fig. 2*) sur la ligne médiane.

Pliez la figure en deux et ouvrez-en les faces à angle droit le long de la ligne en pointillés (*fig. 3*).

Sur la ligne de pliage des ailes, placez deux petits trapèzes, découpés dans la bande de papier : un sur le fuselage et un qui servira de gouvernail.

ESSAI EN VOL

Cet avion est destiné au vol rapide. Modérément équilibré, il donne le meilleur de lui-même. S'il est projeté avec force, il part « à l'assaut du ciel » (ou du plafond), puis entame un vol plané très rapide. Pour ce faire, il faut que le « pilote » attrape le modèle en son centre de gravité en le tenant fortement entre le pouce, l'index et le médium. Le lancer s'exécute du bas vers le haut et le détachement spontané, jamais forcé, se fera après un long mouvement du bras.

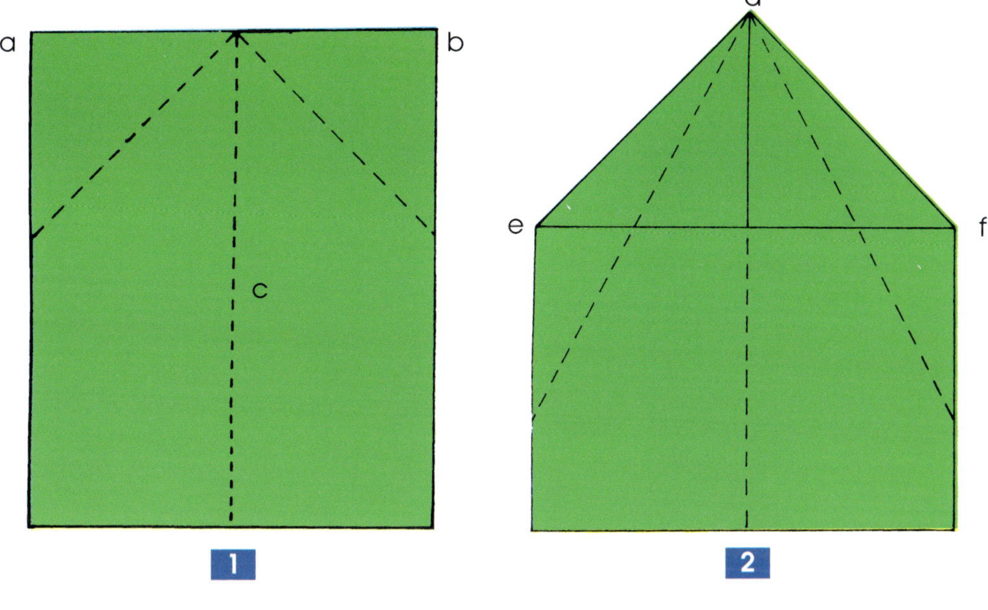
a
b
c
1
d
e
f
2

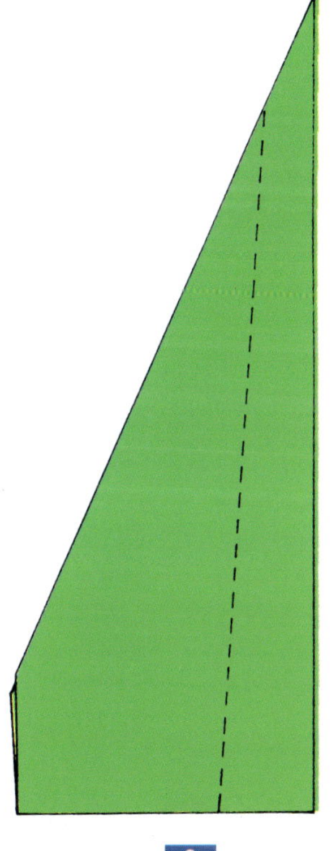
3

L'ÉPERVIER

Matériel nécessaire

- ✔ une feuille de papier ou un carton léger
- ✔ une règle
- ✔ un crayon
- ✔ un compas
- ✔ une paire de ciseaux ou un cutter
- ✔ un peu de colle

Quelques coups de ciseaux judicieux vous permettront, en quelques minutes, de créer un modèle aux performances incroyables.

Réalisation

Pliez la feuille en deux. Repassez soigneusement la ligne de pliage, puis, sur une face, reportez avec un crayon le schéma du modèle que vous découperez ensuite (*fig. 1*).

Ouvrez à nouveau la feuille, puis amenez le sommet **e** sur la ligne de pliage **a-b** et la pointe **f** sur la ligne **c-d** (*fig. 2*). Procédant de la même manière, sur les mêmes lignes de pli, ramenez **g** et **h** (*fig. 3* et *4*). Pliez la figure le long de la ligne médiane (*fig. 5*) et ramenez à l'extérieur les parties repliées (*fig. 6*).

Joignez les deux sections jusqu'à la ligne en pointillés, éventuellement avec quelques points de colle et pliez à angle droit les ailes et le gouvernail.

Essai en vol

Ce modèle, superbe et facile à réaliser, est un planeur « né », doué pour une voltige modérée, dominant le vent et maître absolu des « altitudes élevées » et des longues traversées en ligne droite.

Il est généralement conseillé d'effectuer le lancer d'une position élevée (un balcon, le haut d'une côte, etc.) et d'imprimer une bonne poussée initiale, le long d'une trajectoire horizontale.

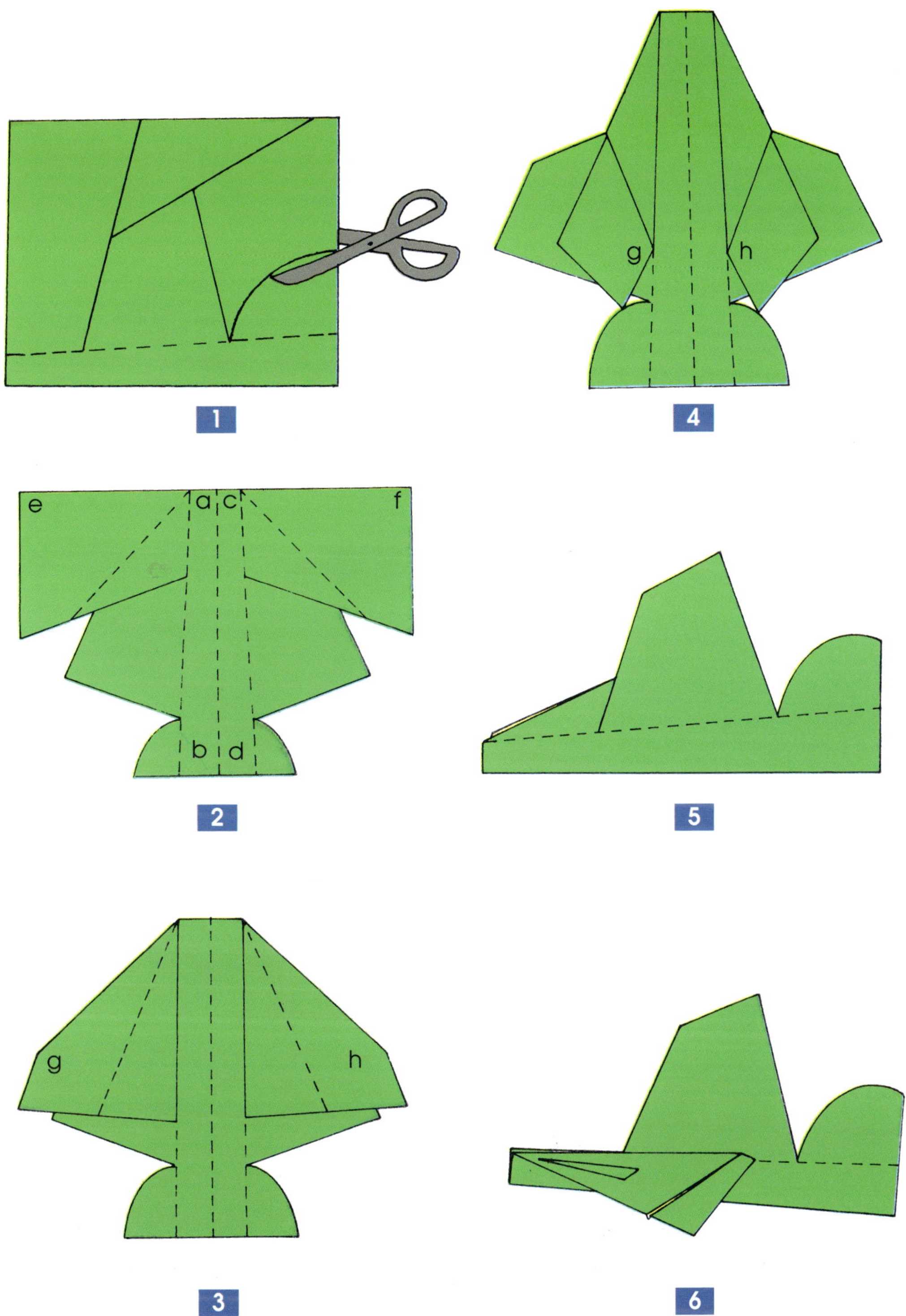

e
a c
f
b d
g
h
g
h
1
2
3
4
5
6

MATÉRIEL NÉCESSAIRE

✔ une feuille de papier rectangulaire

C'est indéniable : ce modèle est tellement insolite et peu gracieux qu'il pourrait très bien faire concurrence à n'importe quel épouvantail à moineaux. Pourtant, en l'air, agile et rapide, c'est un planeur « pur-sang », fait pour les longues traversées en vol plané léger.

RÉALISATION

Pliez la feuille de papier en deux dans le sens de la longueur et repliez les pointes **a** et **b** à l'intérieur (*fig. 1*).
Retournez la feuille et, en partant de la pointe **c**, amenez-la sur la ligne médiane **d** et **e** (*fig. 2*) en faisant ouvrir les ailettes avec **a** et **b** (*fig. 3*), ce qui vous donnera un losange.

Retournez la feuille à nouveau et pliez le losange vers l'arrière, le long de la ligne en pointillés (*fig. 4*). Pliez la figure en deux en suivant la ligne de pliage initiale (*fig. 5*), puis repliez les ailes à angle droit, en suivant les pointillés. Vous aurez alors obtenu ce modèle (*fig. 6*) que vous pourrez « finir » en joignant les deux sections avec quelques gouttes de colle.

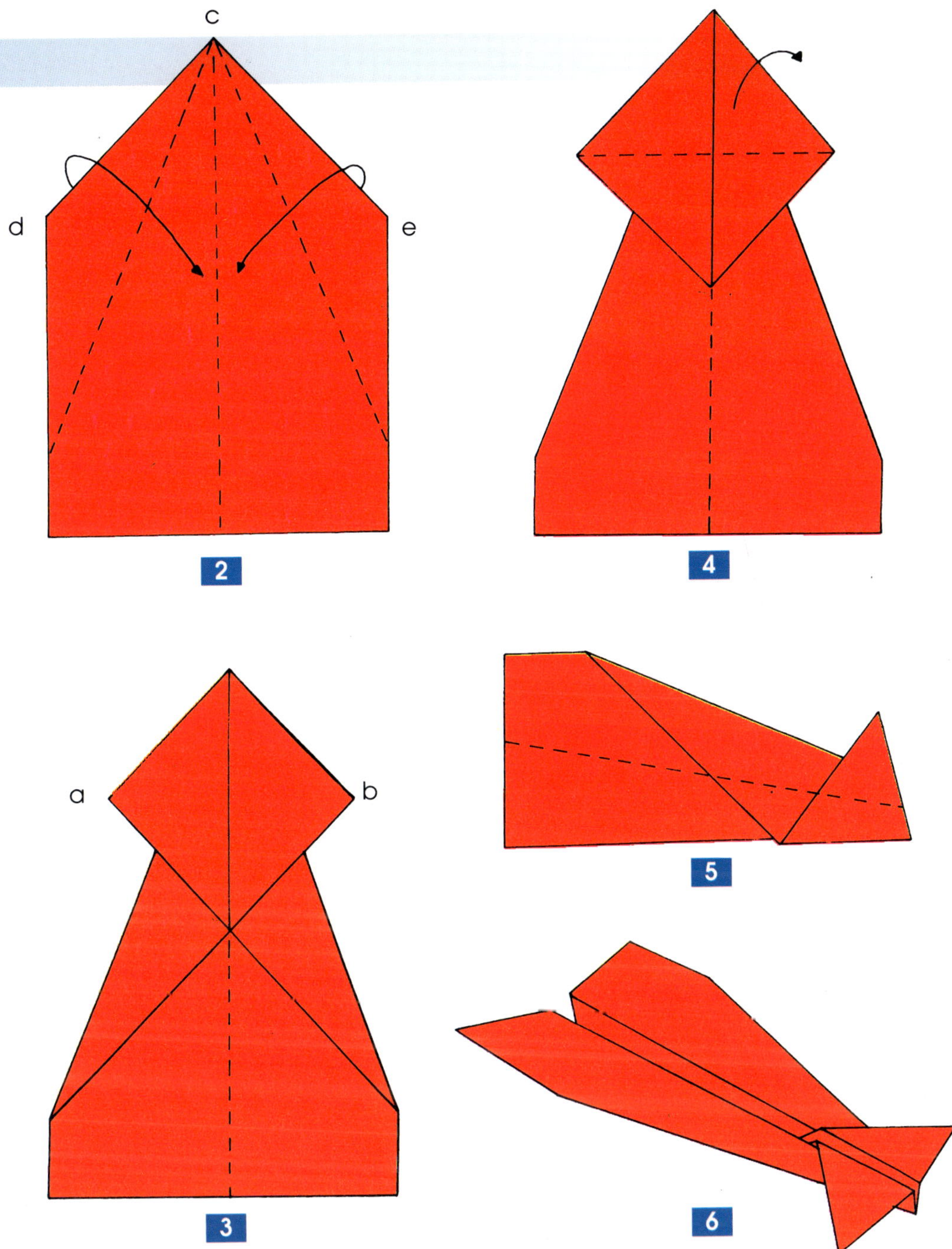

ESSAI EN VOL

Le lancer peut être effectué avec une bonne poussée, et, contrairement à ce qui se pratique normalement, le vent dans le dos. Attrapez le modèle en plaçant le pouce, le médium et l'annulaire au centre de la carlingue. Avec une bonne poussée horizontale de l'index appuyé sur la partie terminale et à la faveur du vent, il n'est pas rare de dépasser, largement, les 20 ou 30 mètres de trajectoire.

MATÉRIEL NÉCESSAIRE

- ✔ une feuille de papier rectangulaire
- ✔ un rectangle de papier long et étroit
- ✔ une paire de ciseaux ou un cutter
- ✔ une règle
- ✔ un peu de colle ou du ruban adhésif

Ce modèle et le suivant se distinguent par des performances en vol exceptionnelles : régularité, durée, trajectoire et acrobaties aériennes.

Nous vous proposons d'abord la version la plus simple et la plus linéaire possible. Nous vous conseillons de concevoir sur cette base votre propre modèle, selon vos besoins spécifiques. Ainsi, vous pourrez améliorer les performances en élargissant et allongeant la surface de la queue. N'oubliez pas, par ailleurs, que, pour être piloté avec précision jusqu'à la cible, le modèle doit obligatoirement disposer de stabilisateurs pour les ailes, d'ailerons et de gouvernails verticaux, devant être réglés au millimètre près.

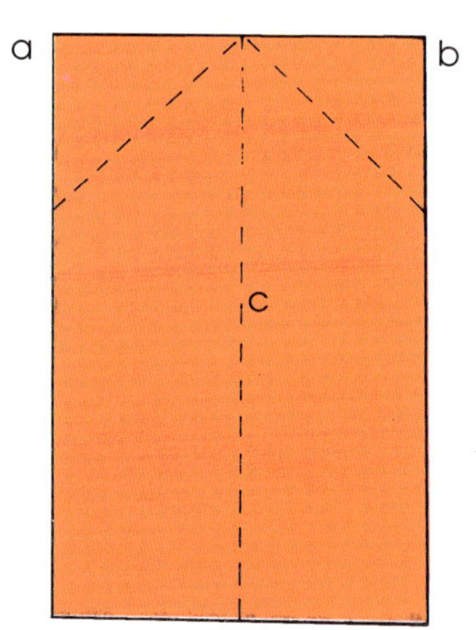

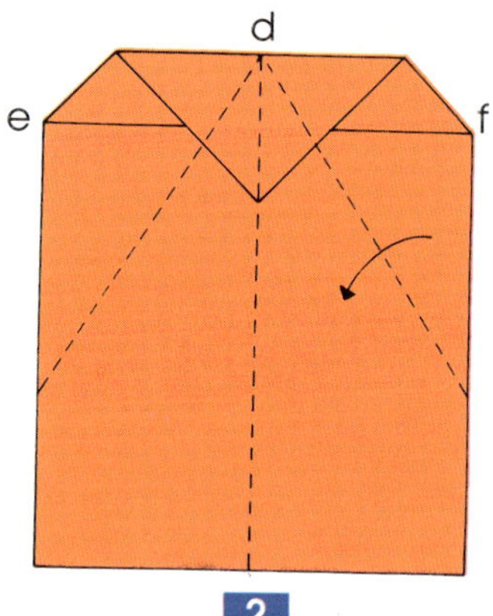

RÉALISATION

Pliez la feuille exactement en deux le long de son axe vertical, puis ramenez **a** et **b** sur le point **c** (*fig. 1*) : vous obtiendrez un rectangle surmonté d'un triangle. Repliez sur la feuille les deux tiers du triangle (*fig. 2*) et, en partant du point **d**, ramenez **f** et **e** sur la ligne médiane, en les faisant coïncider (*fig. 3*).

Pliez la figure en deux vers l'arrière et découpez les deux faces, en suivant les lignes pleines (*fig. 4*), puis, en suivant la ligne en pointillés, pliez les deux faces l'une à l'avant et l'autre à l'arrière (*fig. 5*). Ramenez les ailes en position horizontale, en repliant vers le haut la partie située au-dessus du pointillé. Par contre, gardez le gouvernail à la verticale jusqu'à la première ligne pointillée (**g-h**), puis amenez aussi à l'horizontale les deux ailes du gouvernail, en pliant vers le haut la partie située au-delà de la deuxième ligne pointillée : votre « avion de chasse » est terminé.

ESSAI EN VOL

Il est très satisfaisant de gérer en vol un avion de chasse de ce type, mais sachez qu'une longue série d'essais en vol et de nombreuses modifications structurelles seront nécessaires.

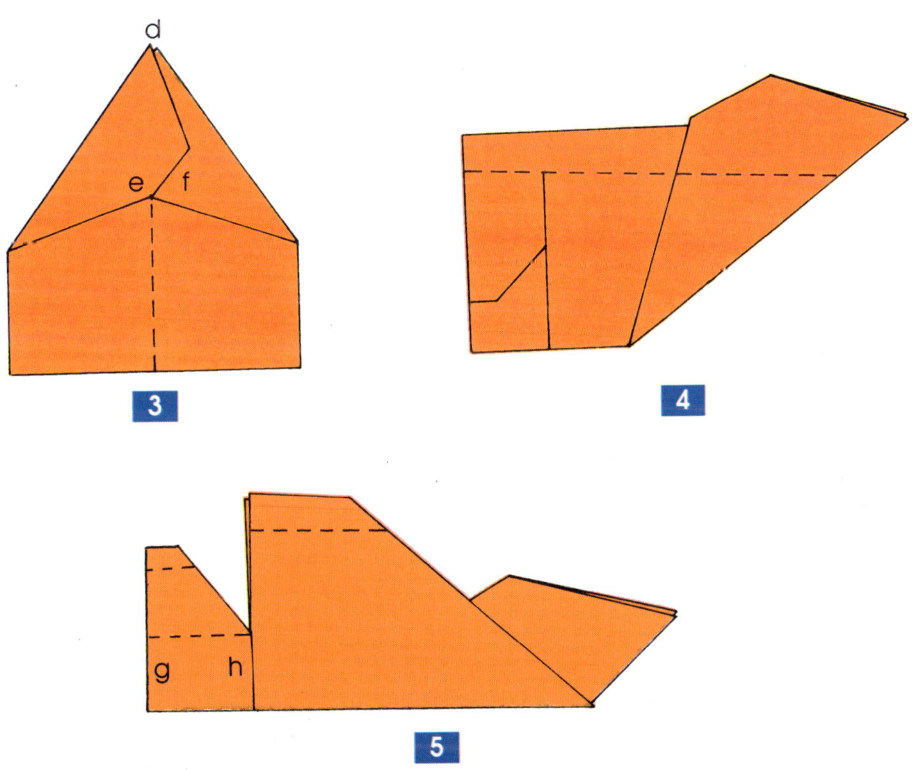

MATÉRIEL NÉCESSAIRE

- une feuille de papier rectangulaire
- un rectangle de papier long et étroit
- une paire de ciseaux ou un cutter
- une règle
- un peu de colle ou du ruban adhésif
- une bande de papier

RÉALISATION

Suivez les instructions jusqu'à la figure 3, mais changez les lignes de pliage et de découpage (*fig. 6*) en pliant les ailes à angle droit.

Enroulez la bande en papier en la resserrant un peu et collez le petit canon sur les lignes de pliage des ailes, en le laissant dépasser de la moitié, du côté le plus étroit.

En utilisant les mêmes lignes de pliage, vous pourrez obtenir un modèle supersonique !

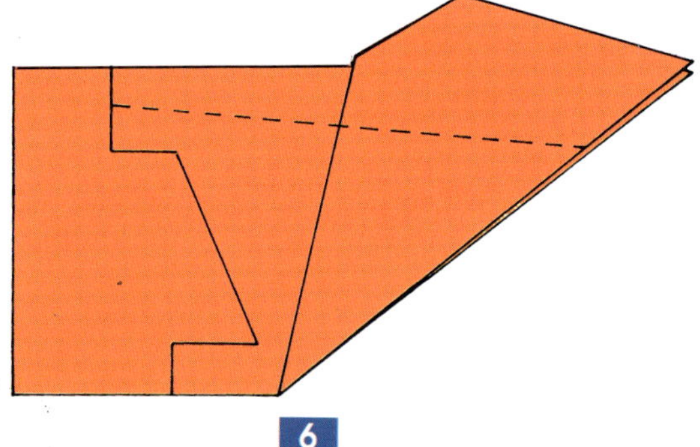

6

Les « véritables » avions

Les passionnés d'aéromodélisme aiment pouvoir réaliser des modèles de véritables avions. C'est ce que nous ferons, en n'utilisant, toutefois, que du papier et de la colle. Il vous suffira de quelques plis et de quelques découpages, après avoir photocopié les pages et les avoir collées sur un carton fin. Nous ne vous présentons pas d'explications écrites, mais uniquement des illustrations, mais nous sommes persuadés que, fort de votre expérience, vous n'éprouverez pas de difficulté à fabriquer ces modèles « réalistes ».

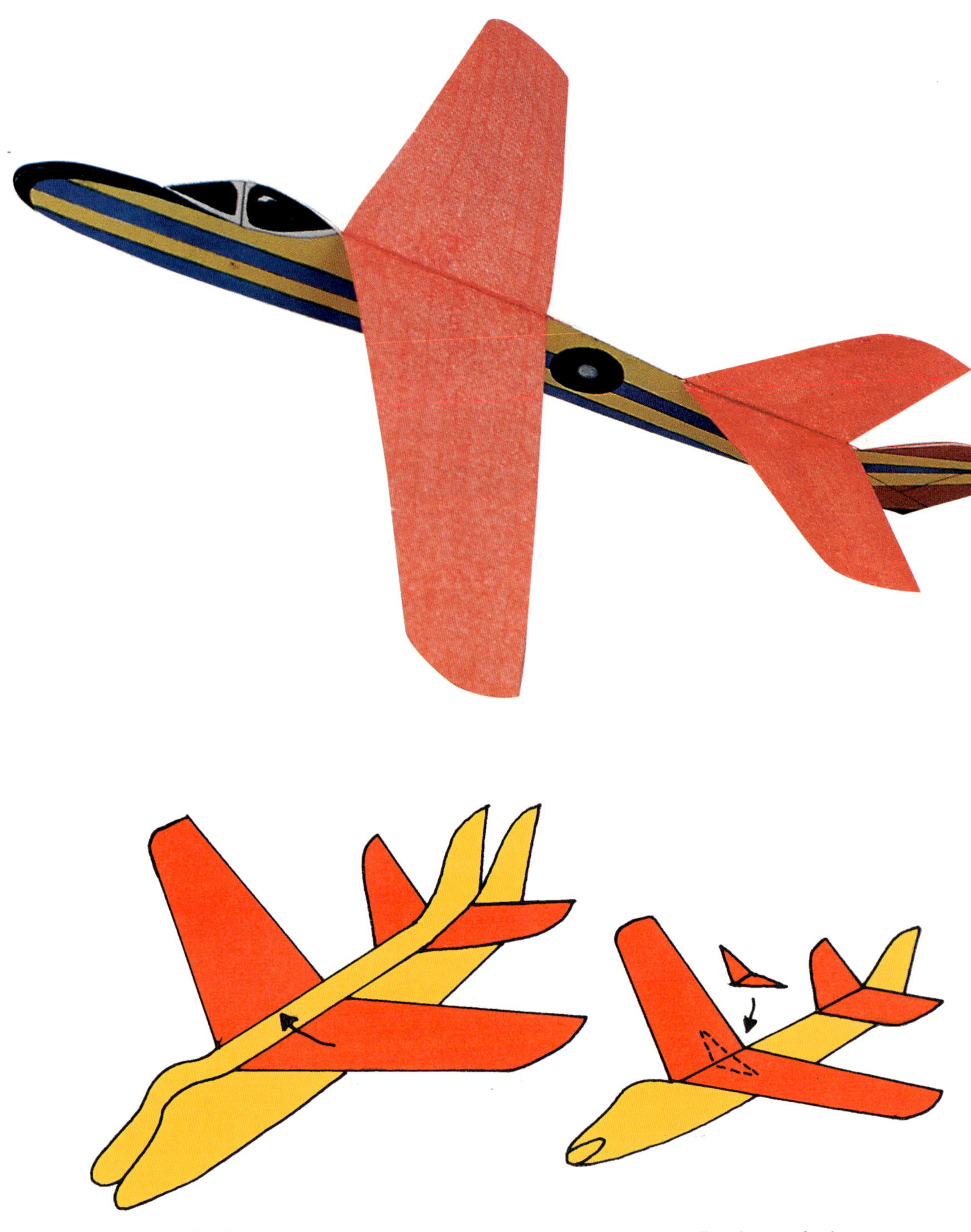

collez et pliez les ailes et la queue

collez le renfort

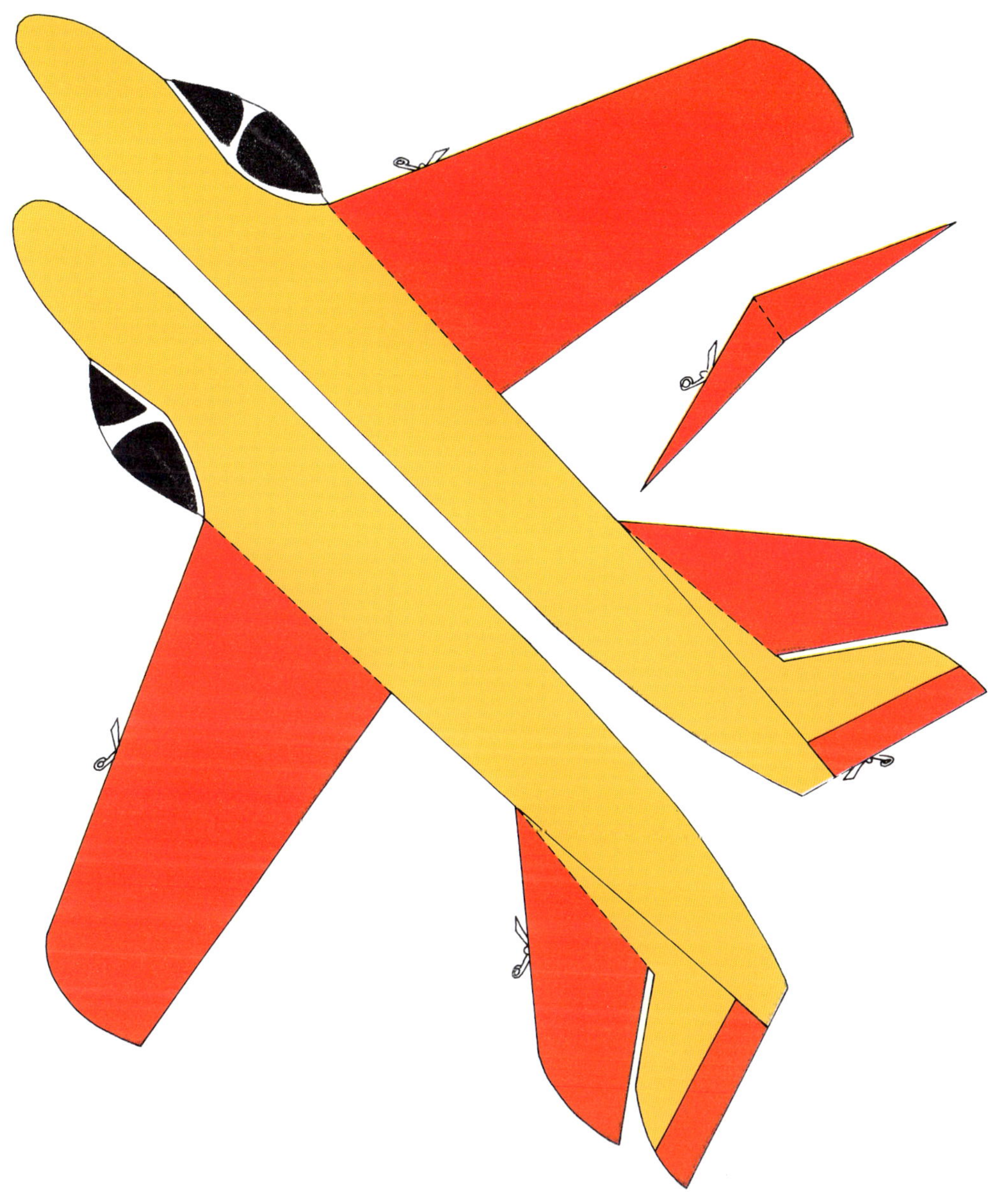

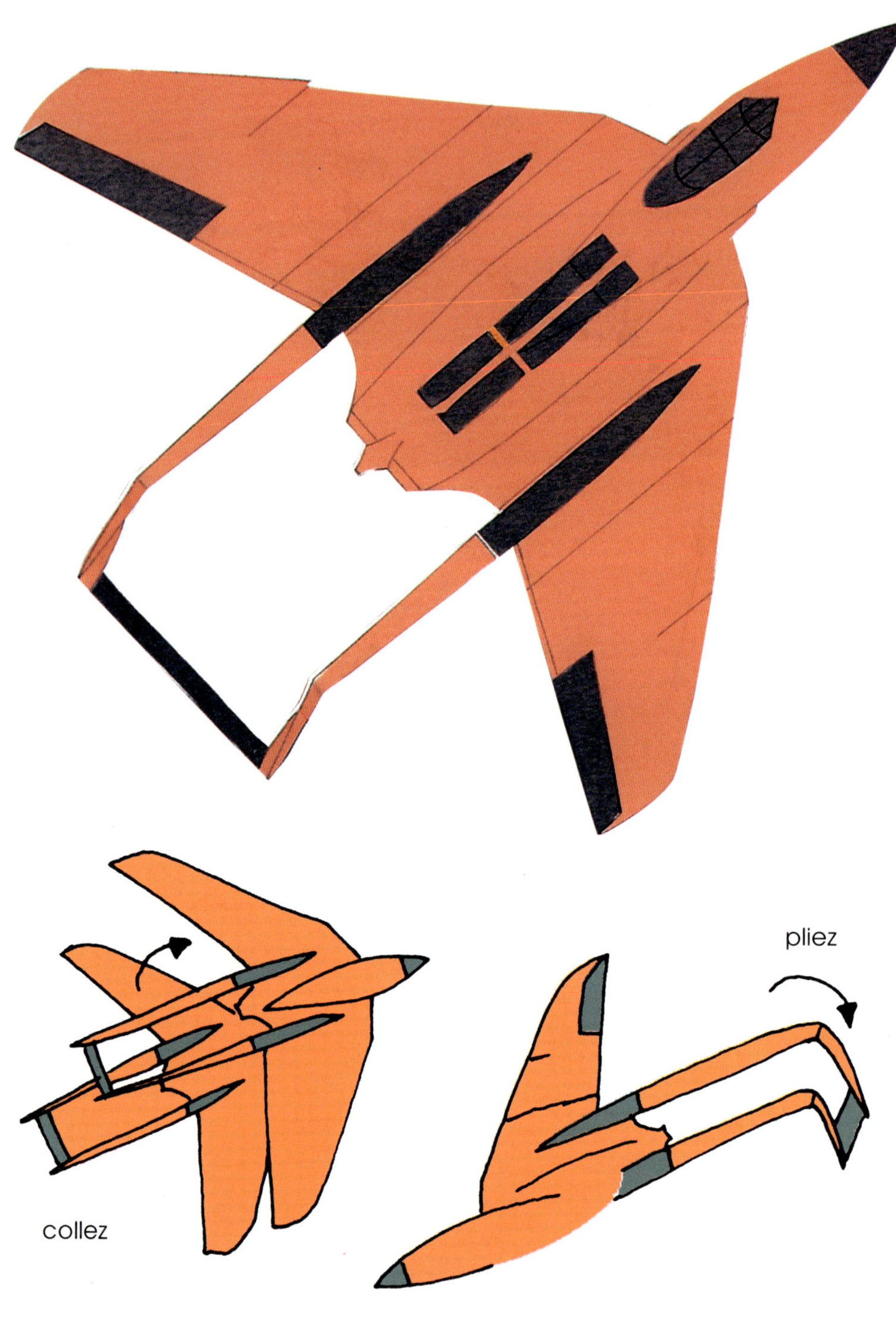
pliez
collez

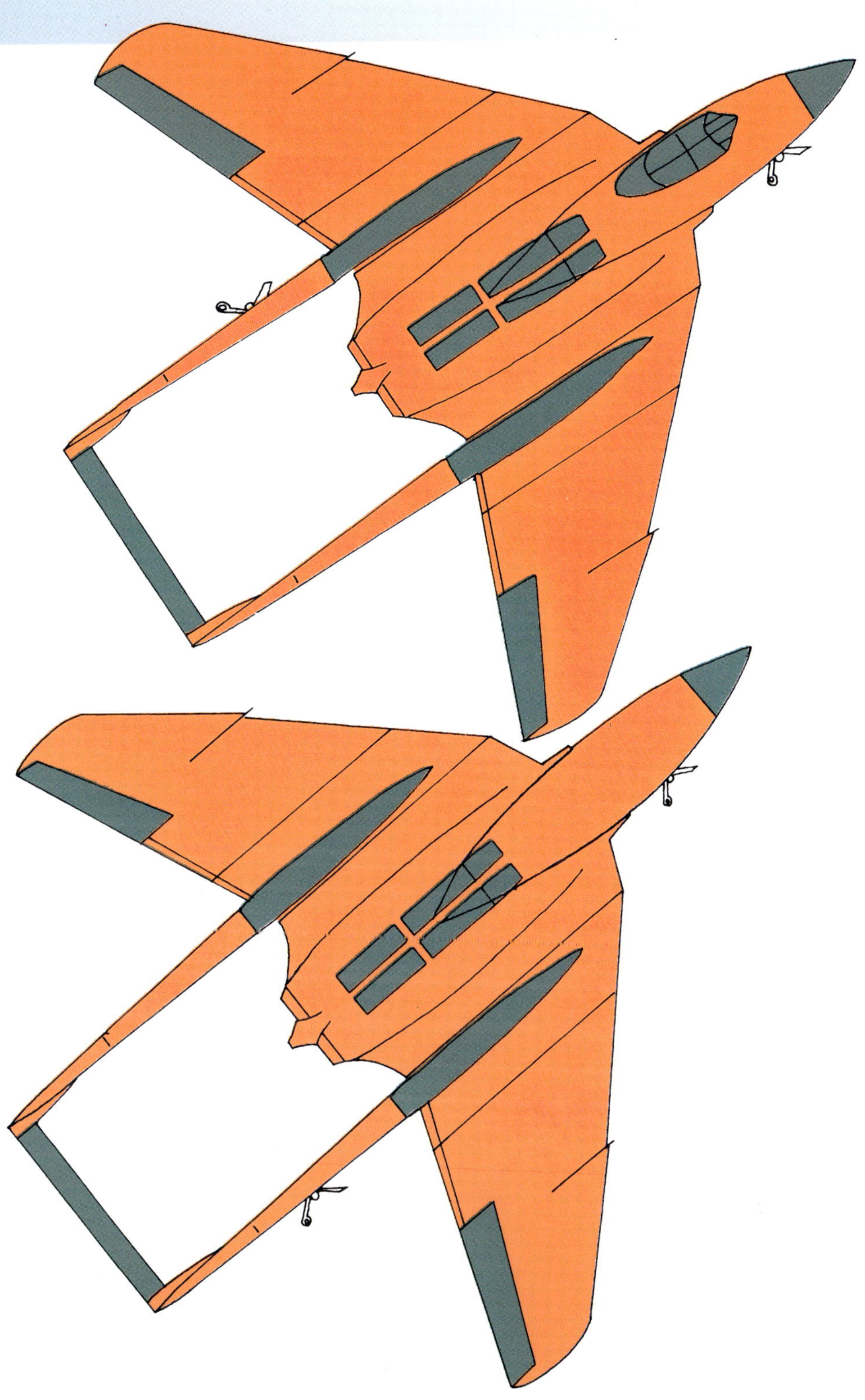

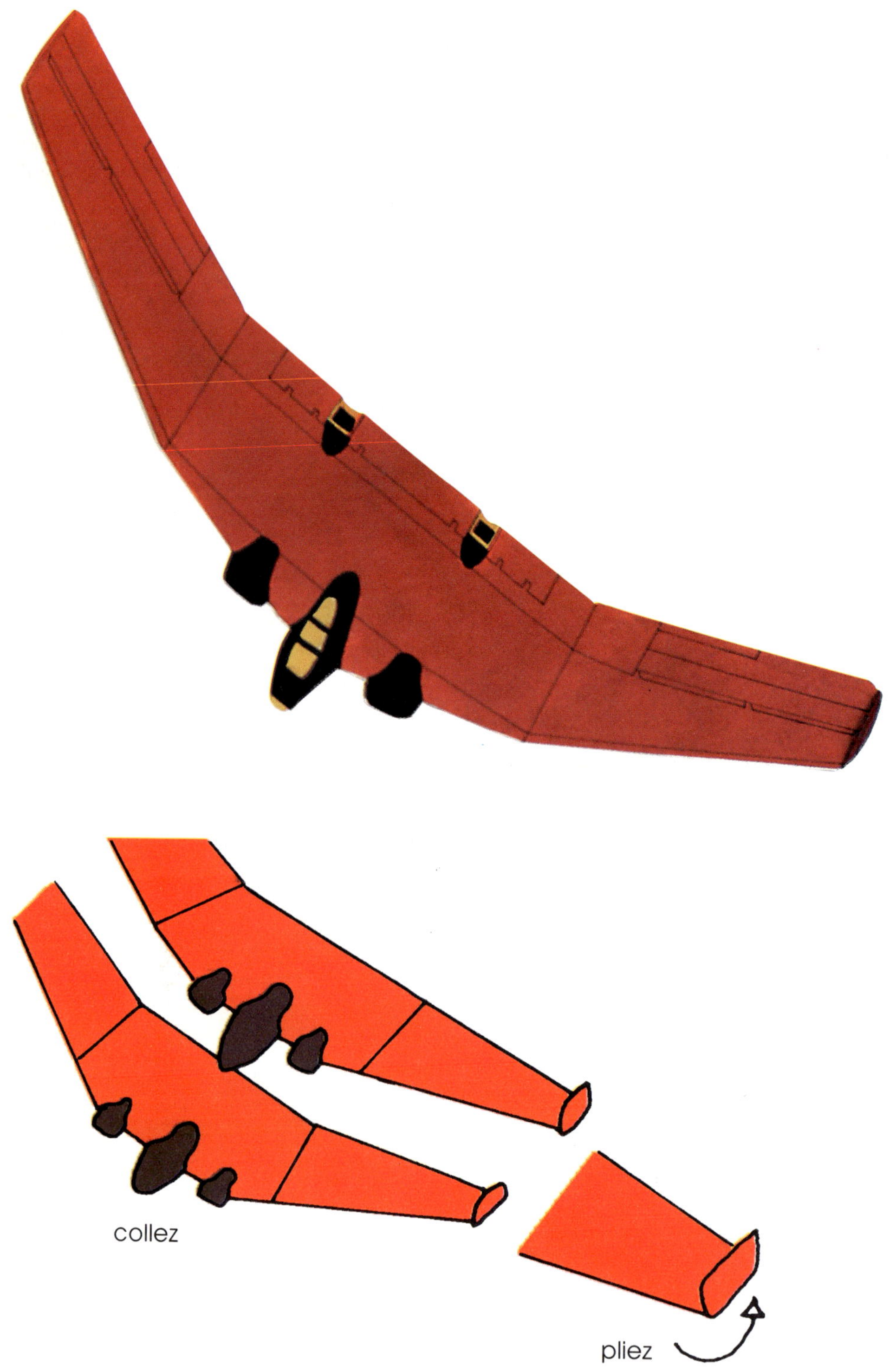

collez
pliez

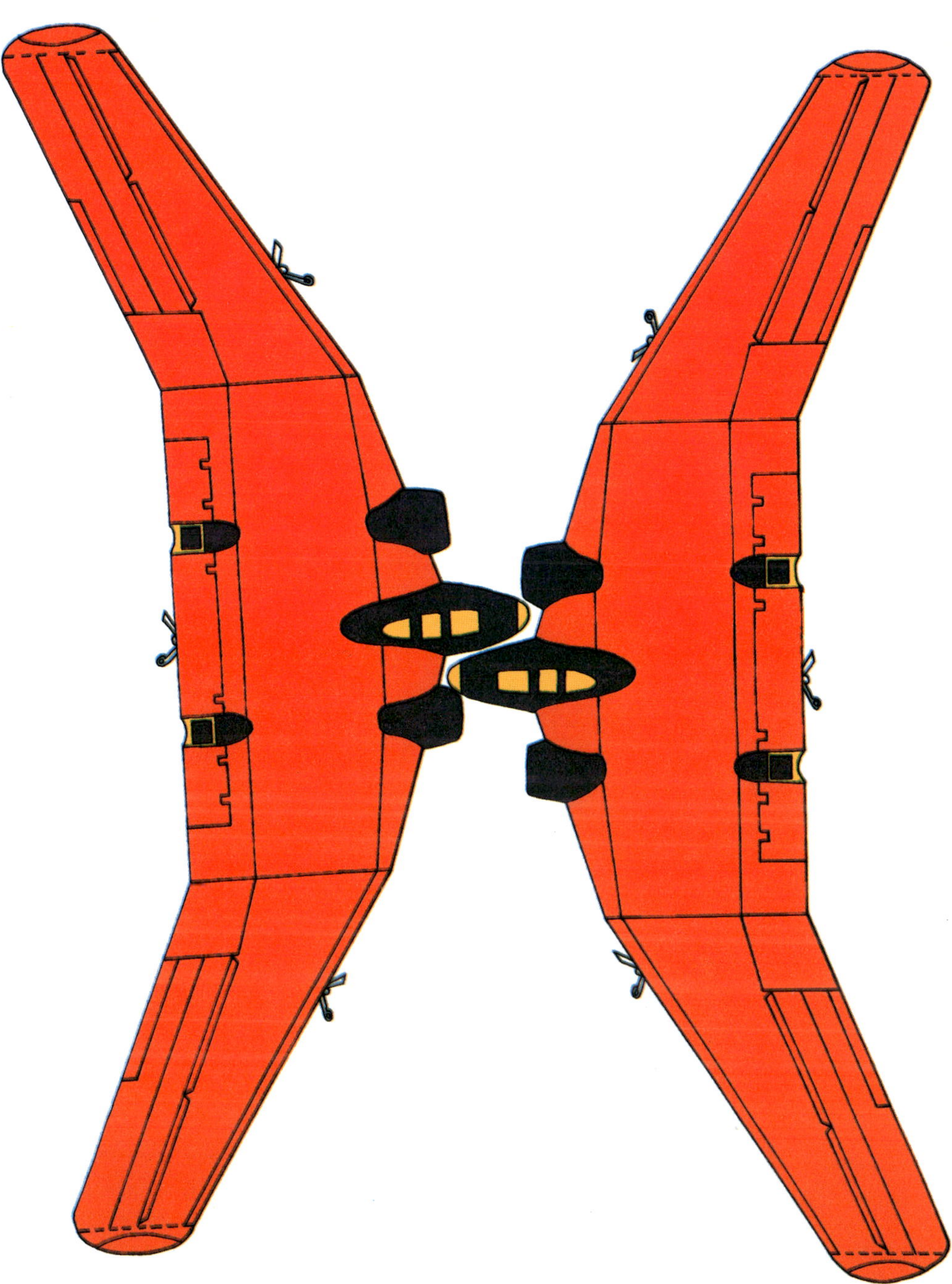

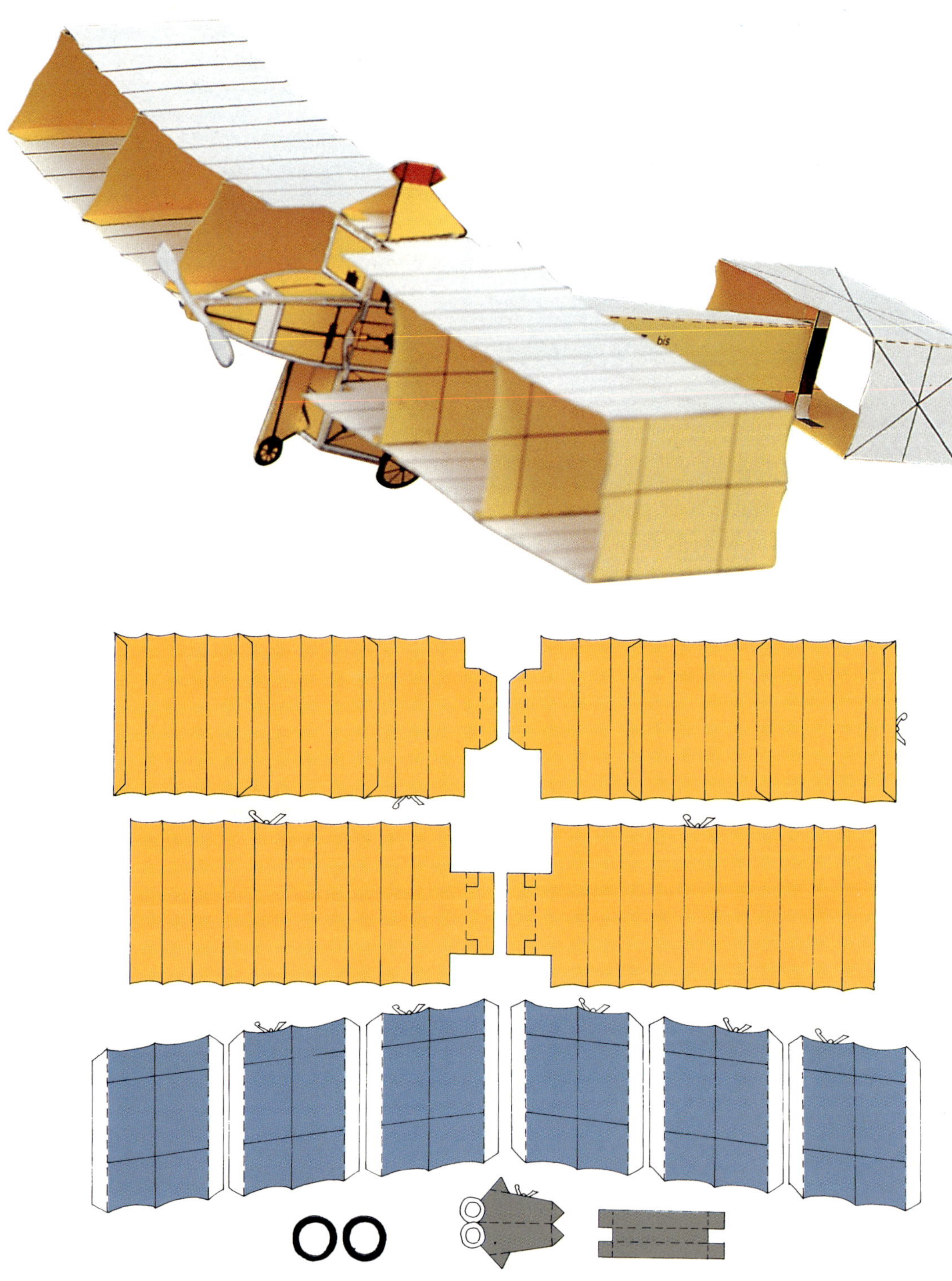

collez
collez
collez
collez
collez
collez

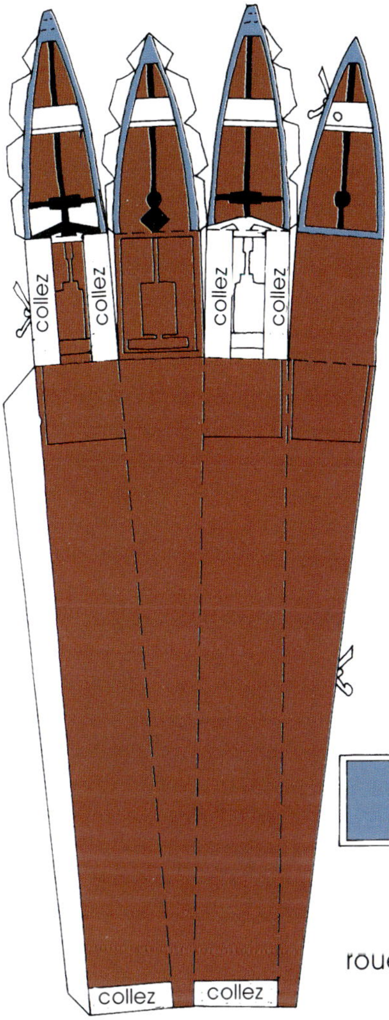

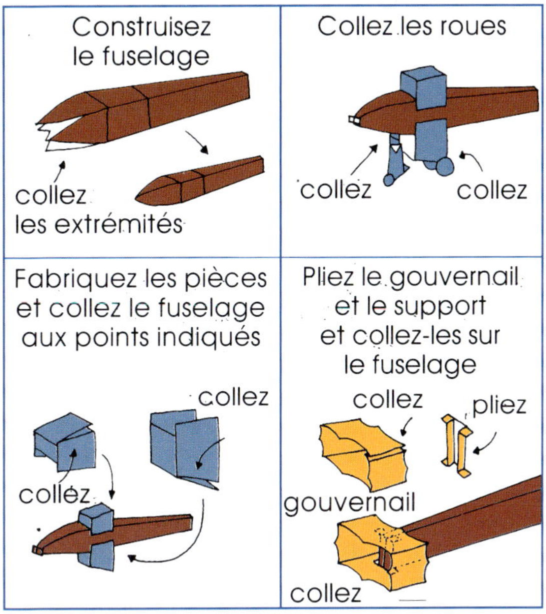

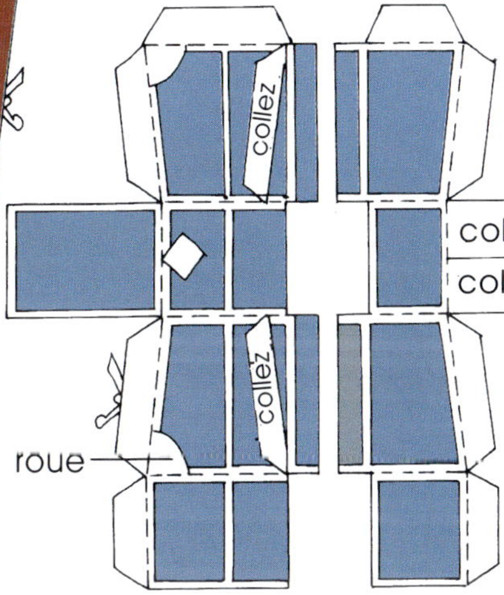

Construisez
le fuselage
collez
les extrémités
Collez les roues
collez
collez
Fabriquez les pièces
et collez le fuselage
aux points indiqués
collez
collez
Pliez le gouvernail
et le support
et collez-les sur
le fuselage
collez
pliez
gouvernail
collez

collez
collez l'aile
collez l'aile
collez
roue

réservoir

hélice

gouvernail

collez

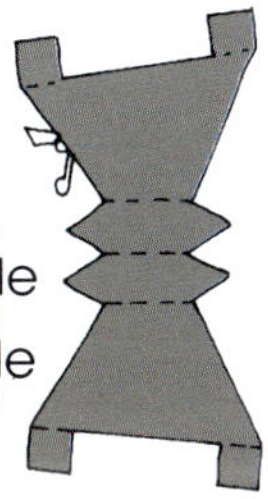

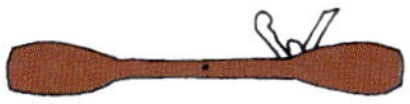

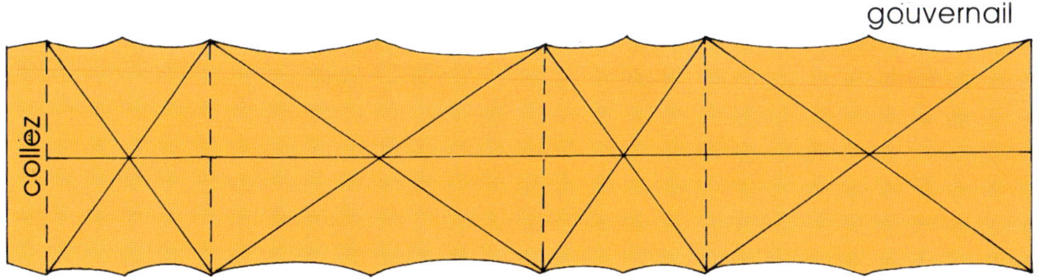

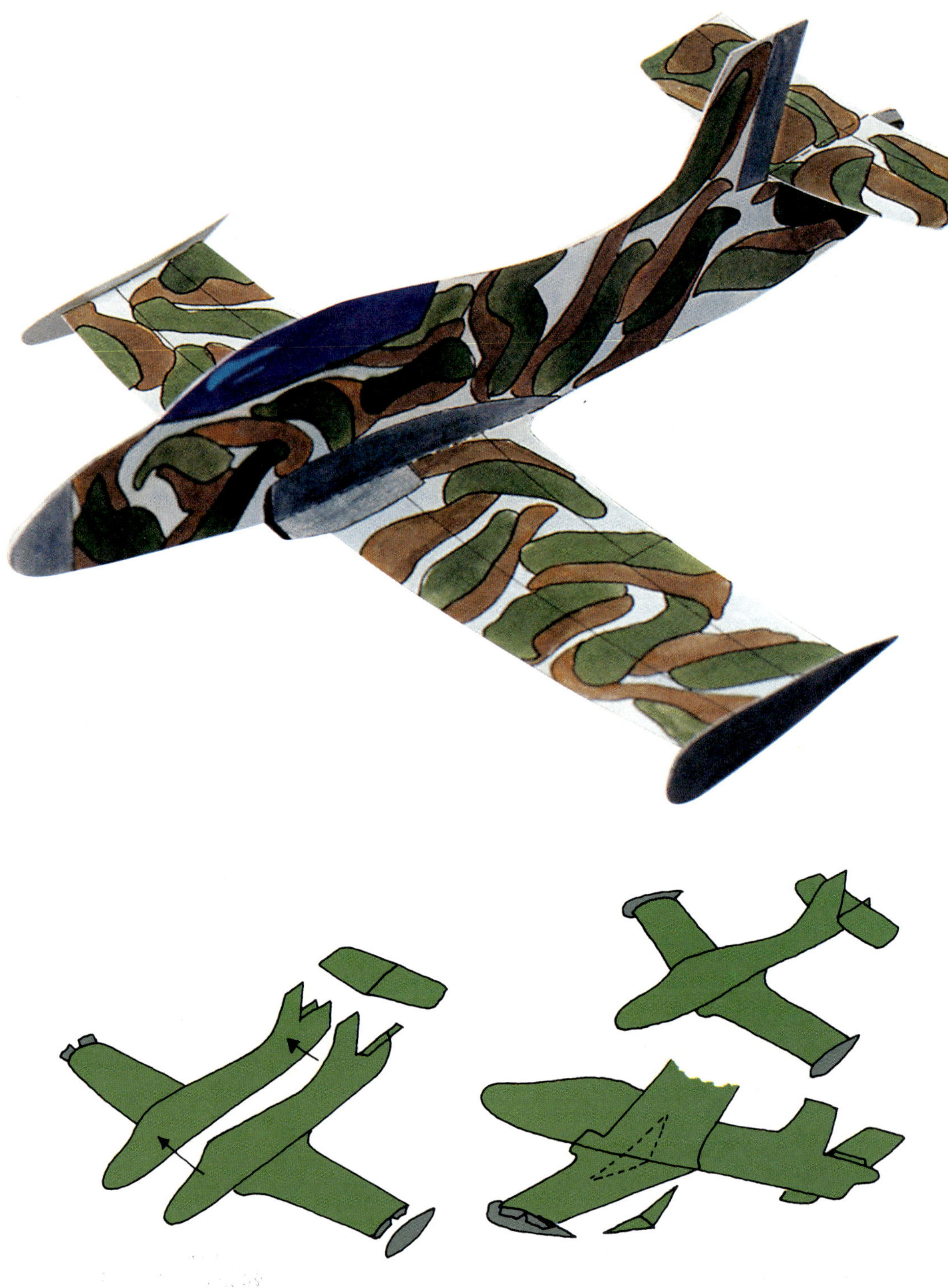

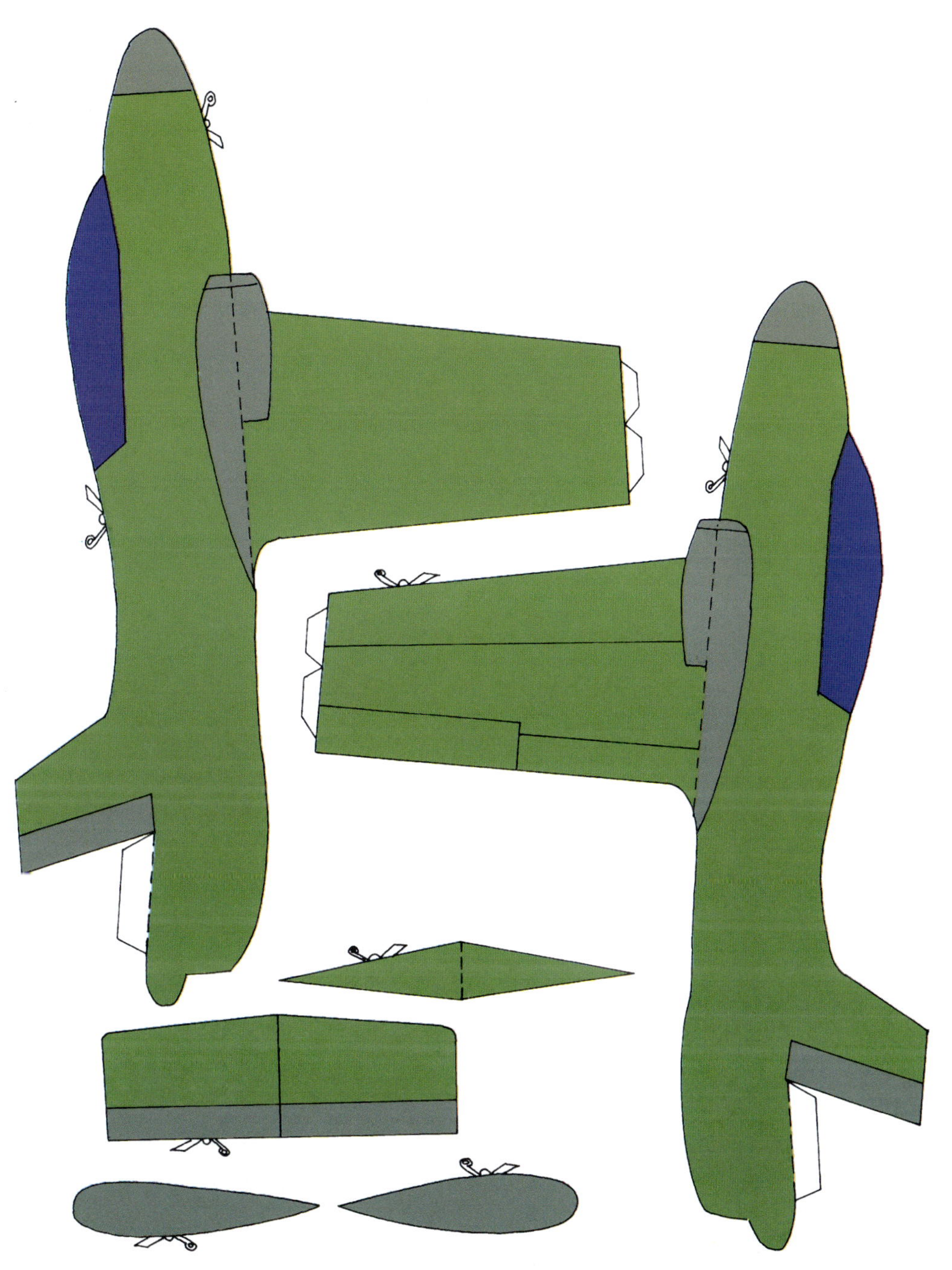

ECOLE ELEMENTAIRE
RICHARDSON BIBLIOTHEQUE

LE CONCORDE

pliez et collez
les cloisons
collez
le renfort
placez un
trombone
pliez et collez
le gouvernail
pliez légèrement
les ailerons

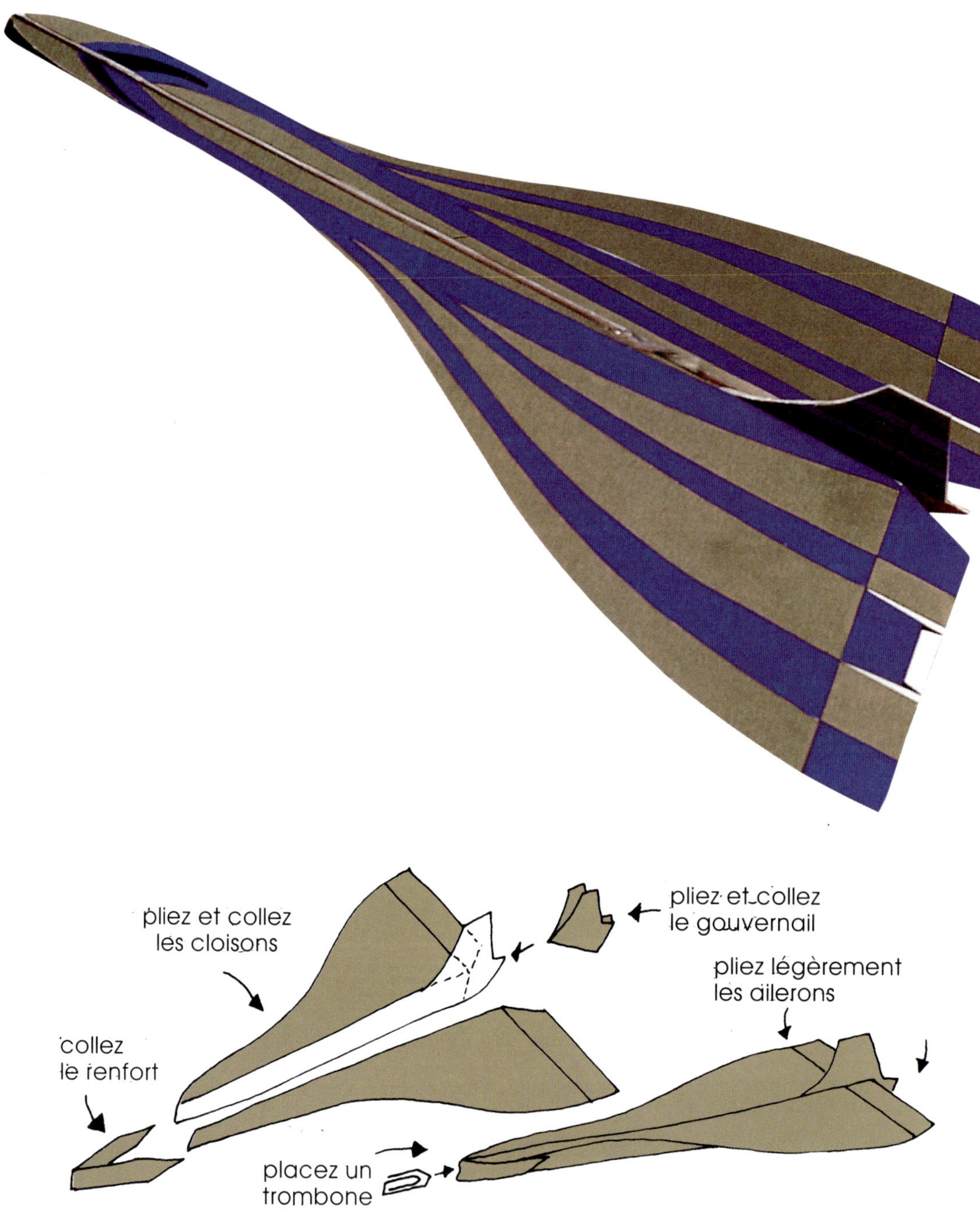

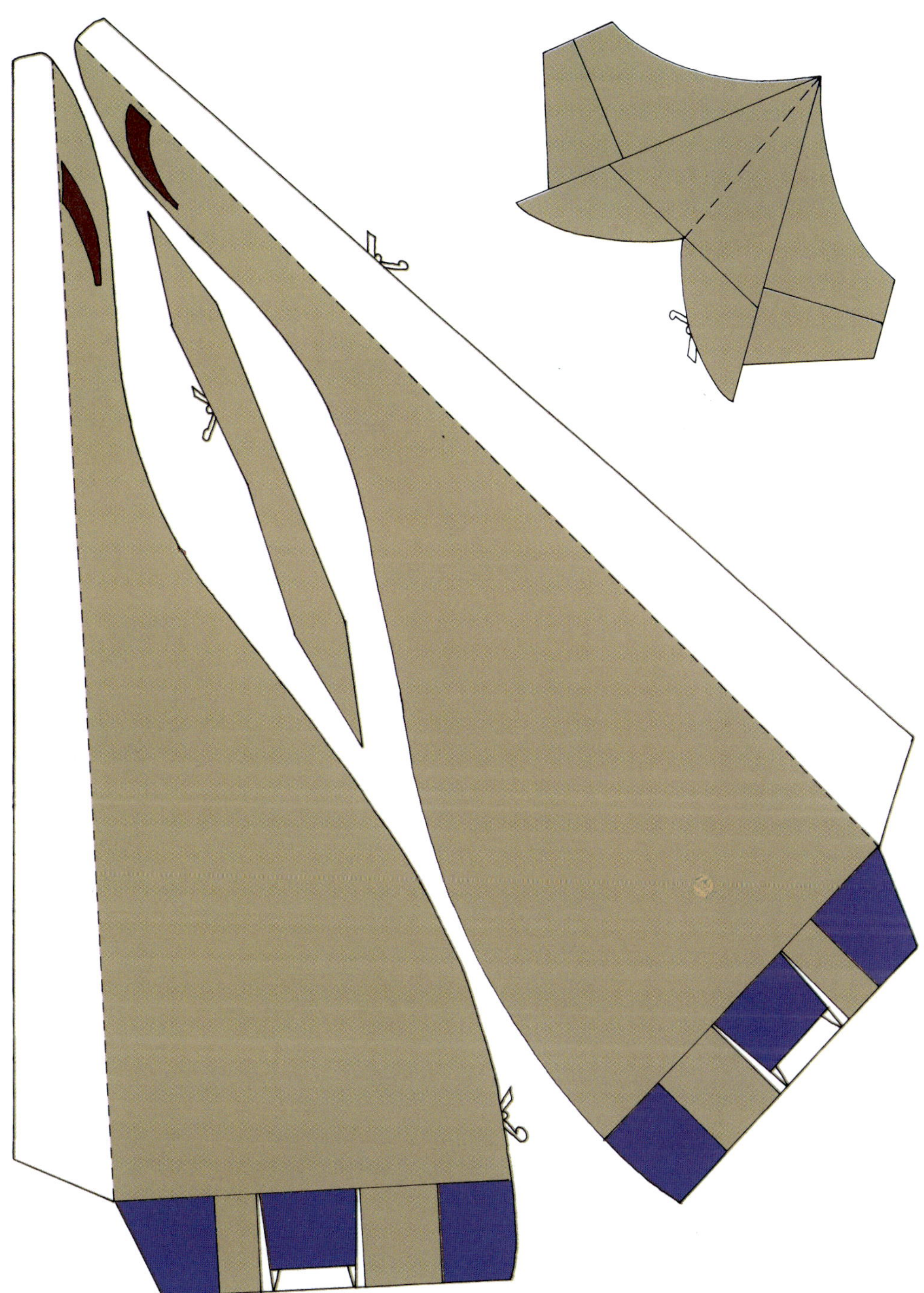

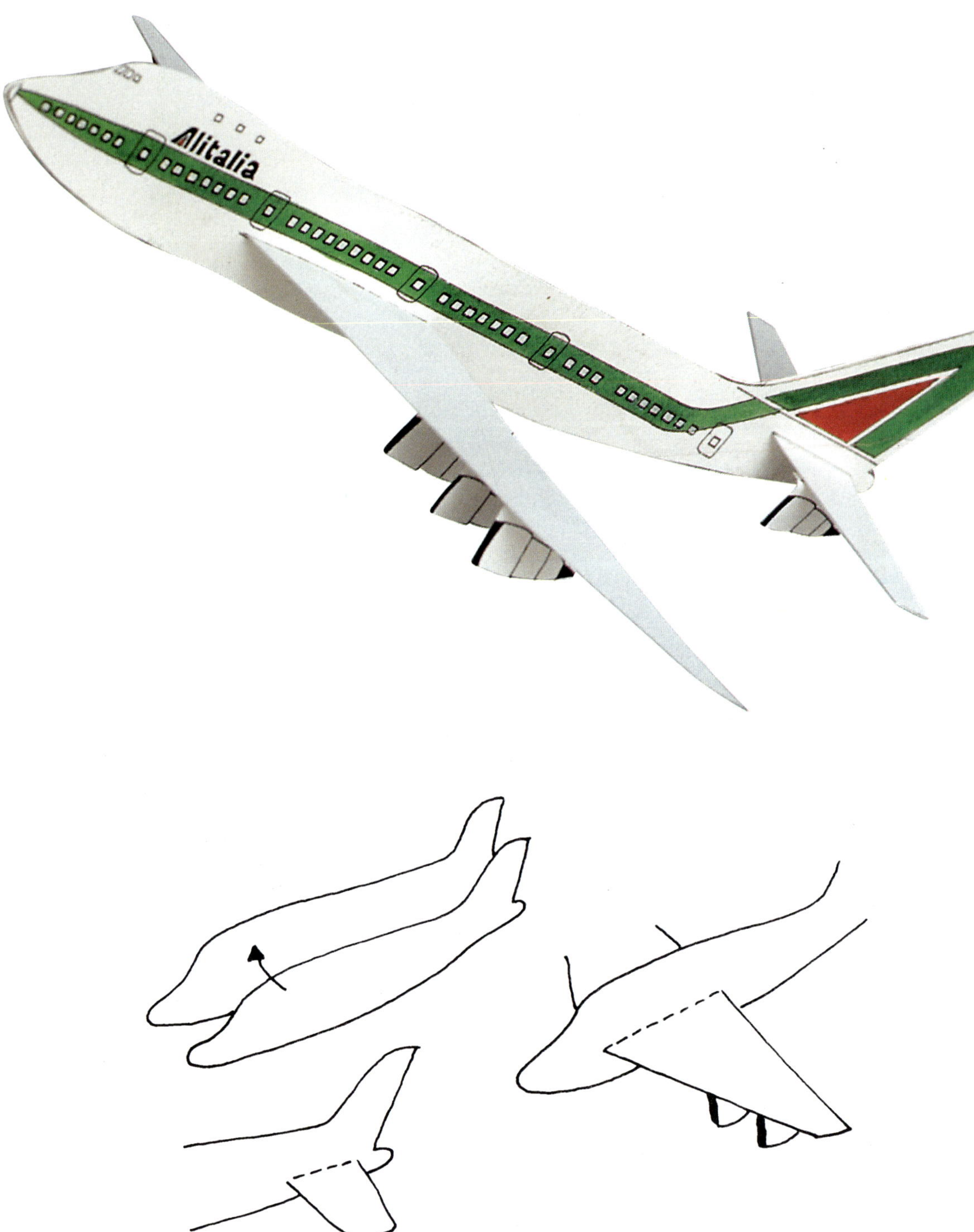

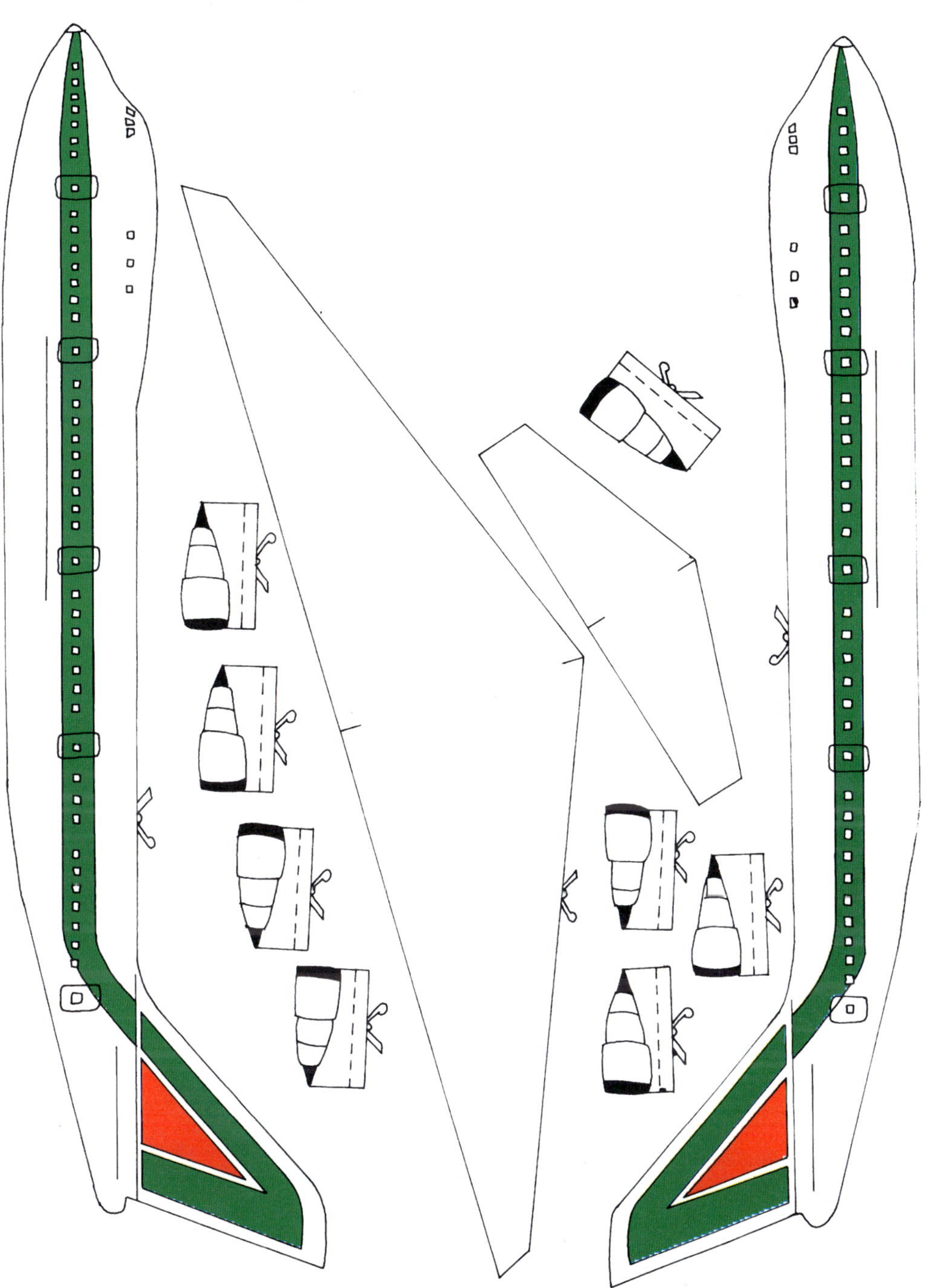

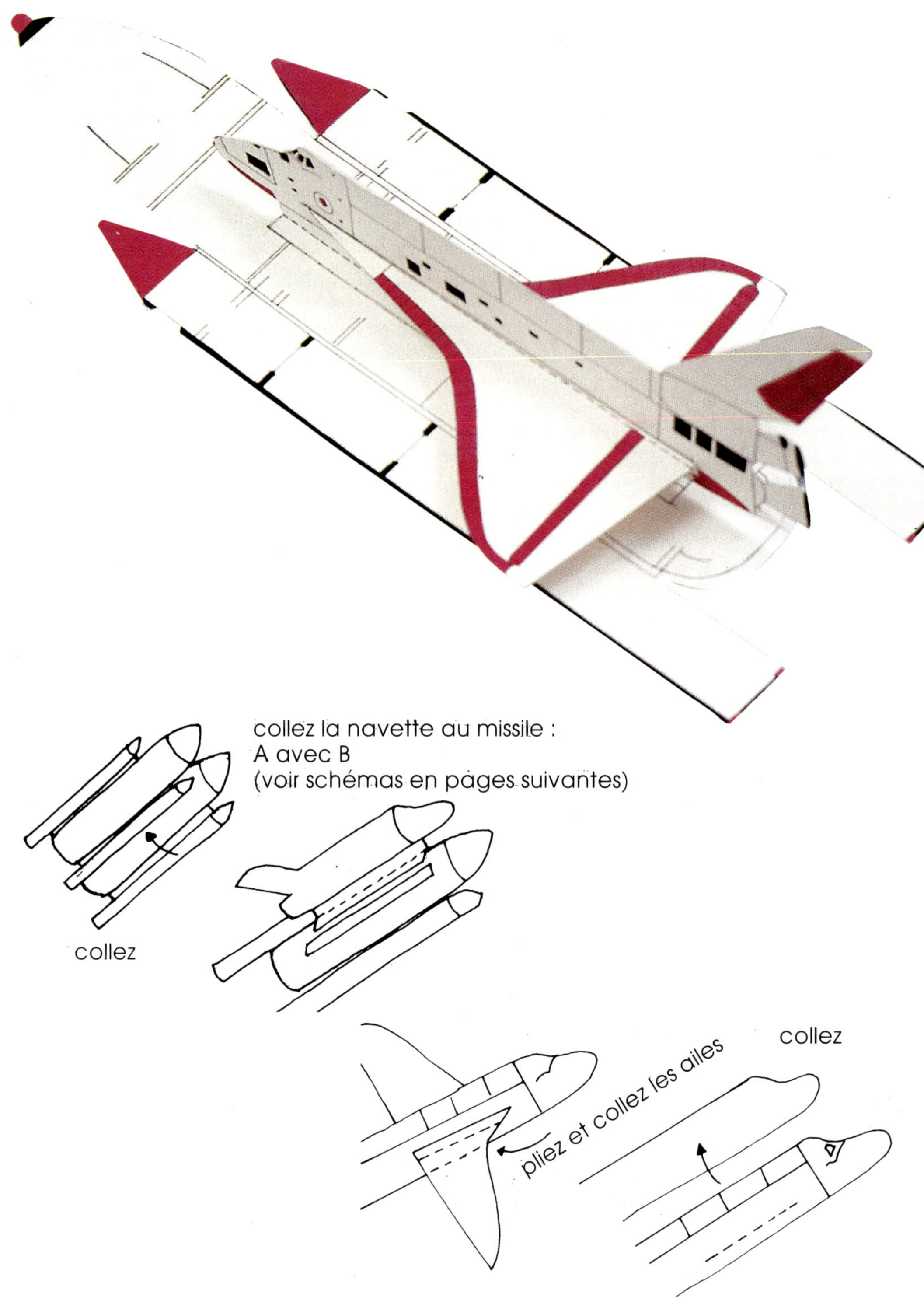

collez la navette au missile :
A avec B
(voir schémas en pages suivantes)
collez
pliez et collez les ailes
collez

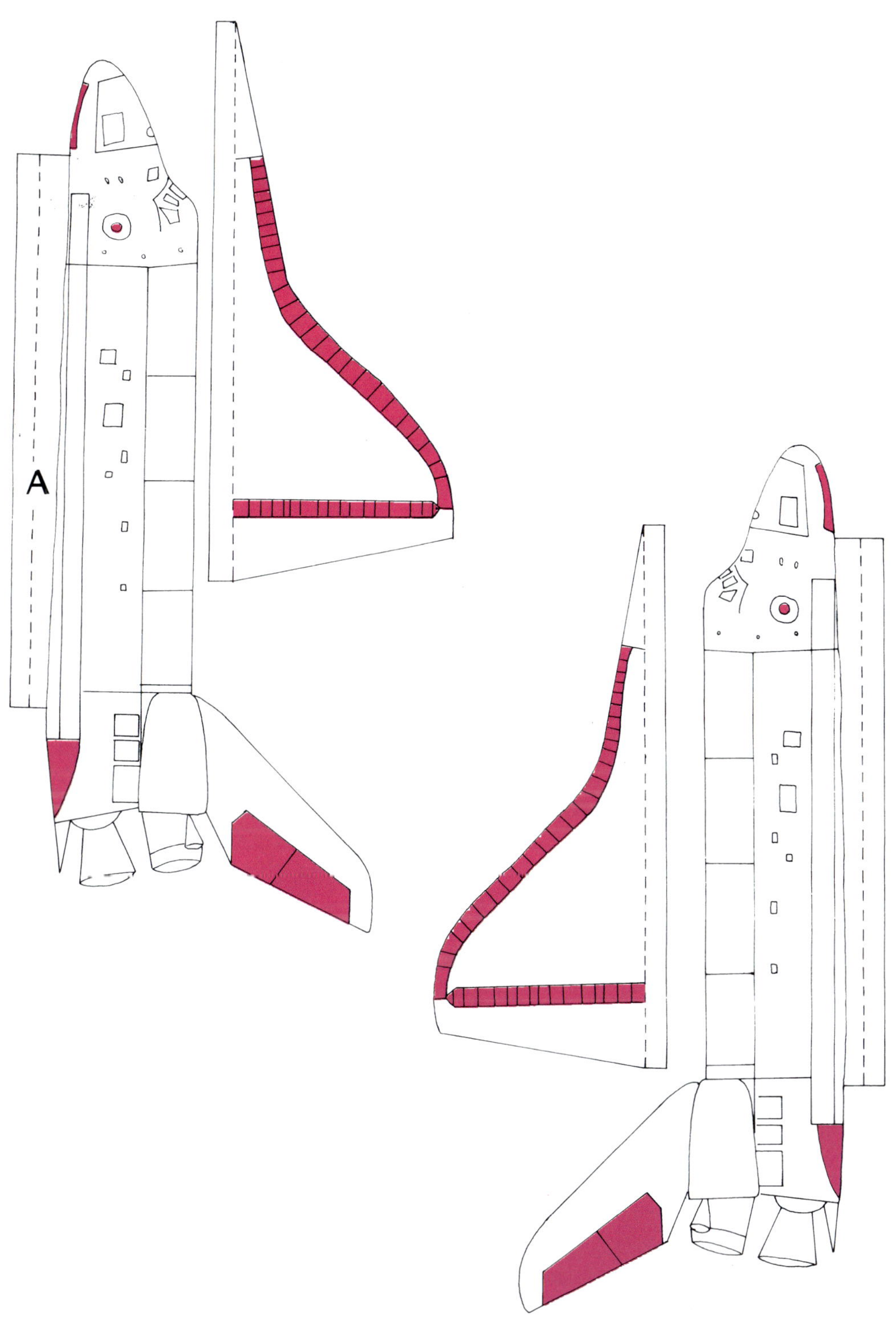

A

B

Les objets volants

Le premier contact avec
le vol et ses multiples facettes,
à la fois scientifique et ludique,
peut avoir lieu dans une pièce
close, pourquoi pas ?
Celle-ci s'animera alors
d'objets volants qui en feront
un espace de féerie.
C'est le monde des grands qui
se fait petit et celui
des petits qui grandit,
sans heurt ni opposition.
Mais cette activité vous offre
aussi la possibilité de vous
évader en plein air, et, courant
dans les prés et les champs, de
vous plonger dans vos
souvenirs d'enfance. Vous
pourrez enquêter sur le présent
de la science ou rêver sur son
avenir : le « petit monde » du
jeu créatif n'a pas besoin
d'autres justifications.

LE BOOMERANG

MATÉRIEL NÉCESSAIRE

- ✔ un carton semi-rigide
- ✔ une paire de ciseaux

Le boomerang est une arme de chasse très ancienne, assez grand et lourd car réalisé en bois très dur.

De nos jours encore, il représente l'une des formes volantes les plus extraordinaires et extravagantes, que ne pourraient éclipser que les fantastiques « soucoupes volantes ». En effet, lancé dans la direction d'une cible (qu'il n'atteindra pas), ou plus simplement vers l'horizon, il est capable de revenir, avec une précision extraordinaire, à son point de départ.

Celui que vous allez réaliser ne pourrait pas abattre la plus faible des mouches, mais il est capable d'accomplir ces évolutions dans une pièce close.

RÉALISATION

Décalquez sur le carton le modèle ou ses variantes (*fig. 1*).

Tracez la forme voulue et découpez-la avec des ciseaux bien aiguisés, en ayant soin de couper d'une manière bien nette (*fig. 2*).

LANCER

Placez le boomerang entre la pulpe du doigt et votre ongle, de sorte qu'il forme un angle de 45° environ. Avec l'autre main, « chargez » l'index en le plaçant sous le pouce, et projetez-le comme si vous jouiez aux billes (*fig. 3*).

Soutenu par la force du lancer, le boomerang partira vers le haut, en tournant très rapidement sur lui-même, puis après s'être arrêté dans l'air, il reviendra, en tournant toujours aussi rapidement vers vous.

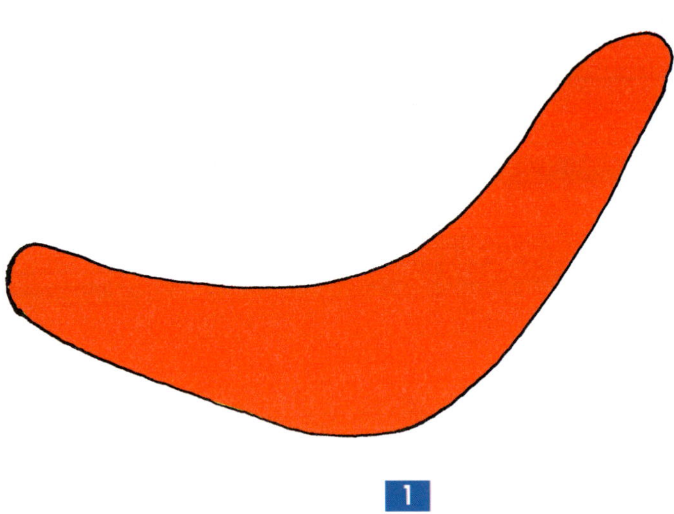

1

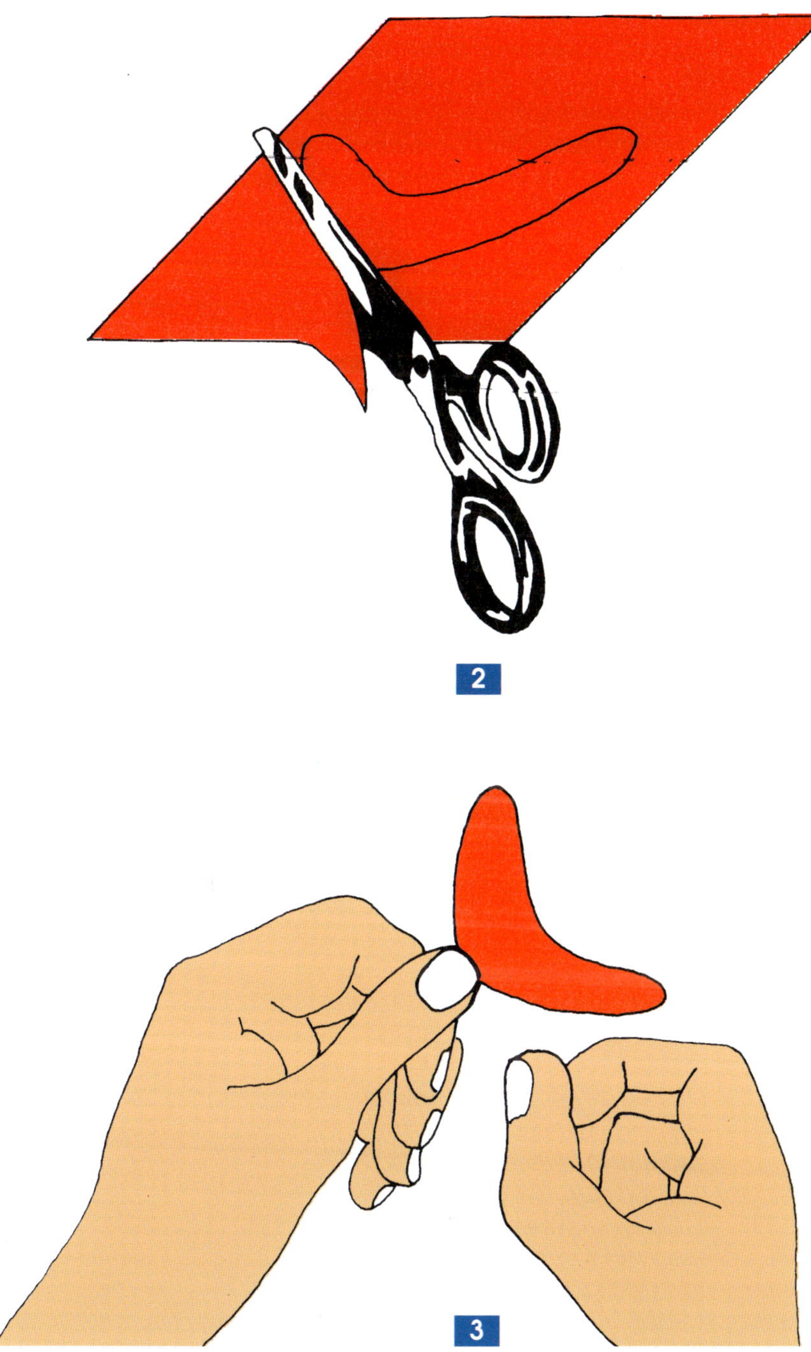

MATÉRIEL NÉCESSAIRE

- ✔ une feuille de papier, quel que soit son grammage
- ✔ du papier vélin coloré
- ✔ une paire de ciseaux
- ✔ un fil de coton résistant
- ✔ un peu de ruban adhésif transparent ou de la colle

De tous les objets volants, le « cerf-volant » est probablement celui qui nous fait le plus rêver, grâce à ses incroyables virevoltes.

Ce modèle, très simple, peut être réalisé sur une seule feuille de papier coloré (de préférence de grandes dimensions) : pas de structure compliquée, pas de morceaux de bois, pas de liens, uniquement quelques pliages bien calibrés et vous serez prêt à jouer.

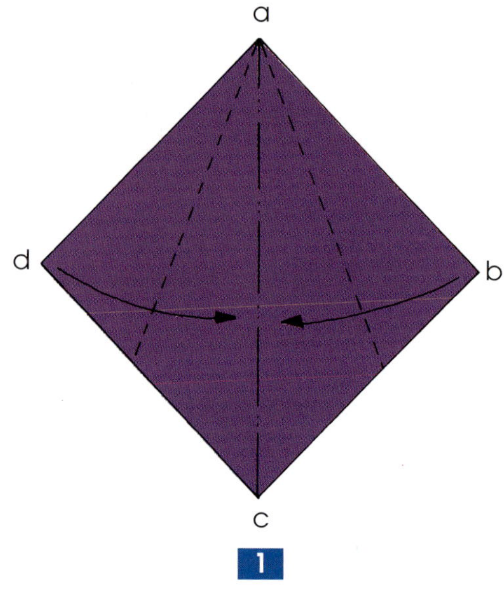

RÉALISATION

Sur une feuille de papier quelconque, découpez avec précision un carré et pliez-en les côtés **a-b** et **a-d** en les ramenant sur la ligne **a-c** (*fig. 1*).

Pliez en deux la feuille, vers l'arrière, le long de la ligne **a-c** et ramenez également vers l'arrière les pointes **b** et **d** (*fig. 2* et *3*).

Marquez bien toutes les lignes de pliage. Rouvrez la figure et replacez le carré sur le plan de travail.

Avec du ruban adhésif transparent ou de la colle, fixez des anneaux de fil de coton très résistant aux points **e** et **f** (*fig. 4*) : une soixantaine de centimètres devrait suffire pour ce que l'on appelle la « bride ».

Découpez dans le papier vélin des rectangles longs et étroits : refermez le premier en anneaux, puis refermez le deuxième sur le premier, etc. jusqu'à ce que vous obteniez une chaîne de longueur suffisante.

Fixez avec de la colle cette chaîne au point **c** et nouez un long fil de retenue à la bride (*fig. 5*) : votre cerf-volant est prêt à s'envoler.

ESSAI EN VOL

Une fois le cerf-volant lancé, le fil de retenue vous permettra de le guider depuis le sol.

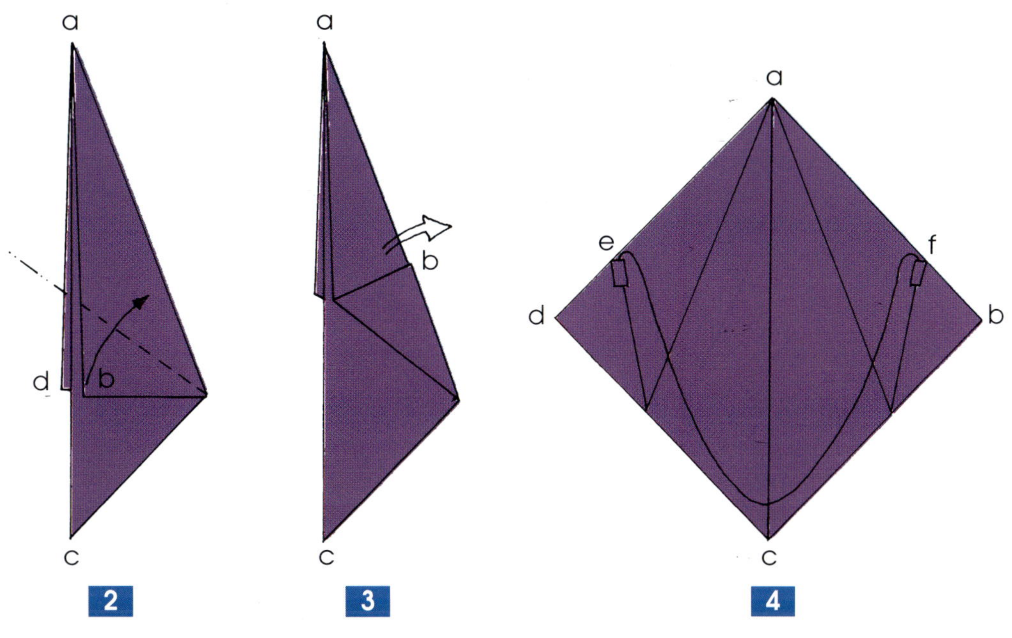
a
d b
c
2
a
b
c
3
a
e f
d b
c
4

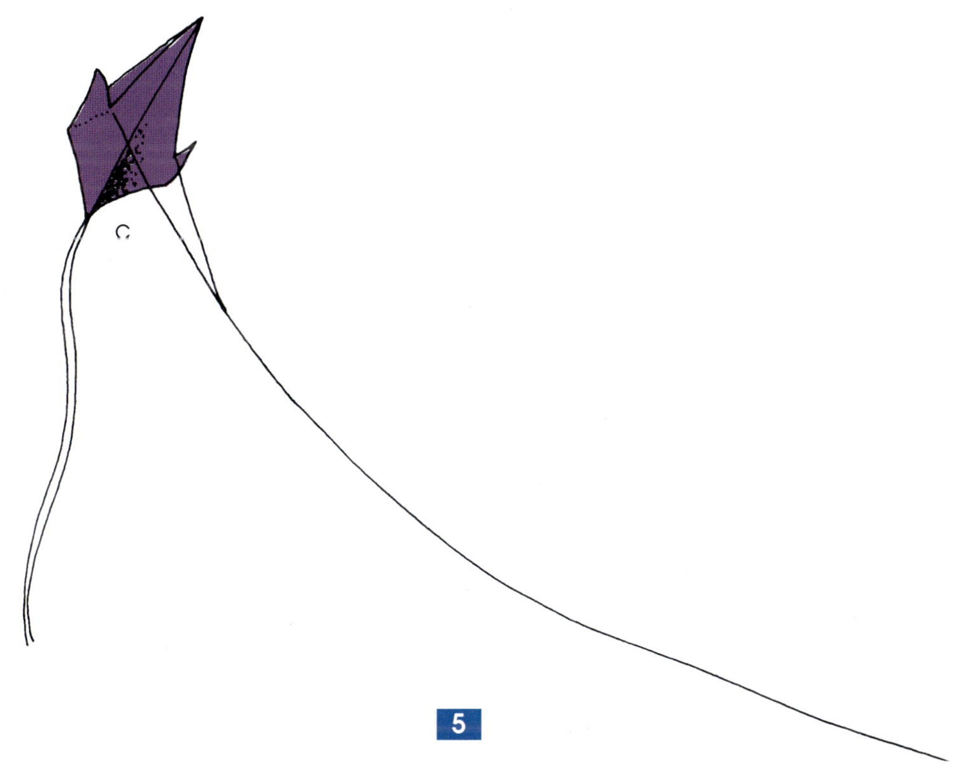
c
5

MATÉRIEL NÉCESSAIRE

✔ une bouteille en plastique avec un bouchon à air comprimé

✔ une paire de ciseaux

✔ deux pailles en plastique rigide, une plus grosse que l'autre

✔ un peu de mastic

✔ un carton fin semi-rigide

✔ un peu de colle

La propulsion, la poussée motrice par de l'air fortement comprimé est l'un des éléments possibles de la réussite d'un vol. Nous nous baserons sur ce principe moteur pour créer un authentique missile directionnel.

RÉALISATION

Avec la pointe des ciseaux, pratiquez un trou dans le bouchon. Introduisez dans le trou une extrémité d'une des pailles en plastique et en la maintenant bien droite, rendez bien étanche le pourtour en appliquant un mastic léger (*fig. 1*) : la paille sera à la fois le moteur et la base de lancement de notre vecteur.

Découpez les quatre gouvernails de queue dans le carton.

Sur la première paille, qui doit coulisser sur la seconde, collez à une extrémité les gouvernails et à l'autre un morceau de mastic en forme d'ogive (*fig. 2*).

Placez la plus grosse paille sur celle qui joue le rôle de vecteur de la fusée jusqu'à ce qu'elle effleure le mastic.

LANCER

Une fois que vous aurez chargé la rampe, il vous faudra la saisir, viser, en la dirigeant vers la cible, en appuyant forte-

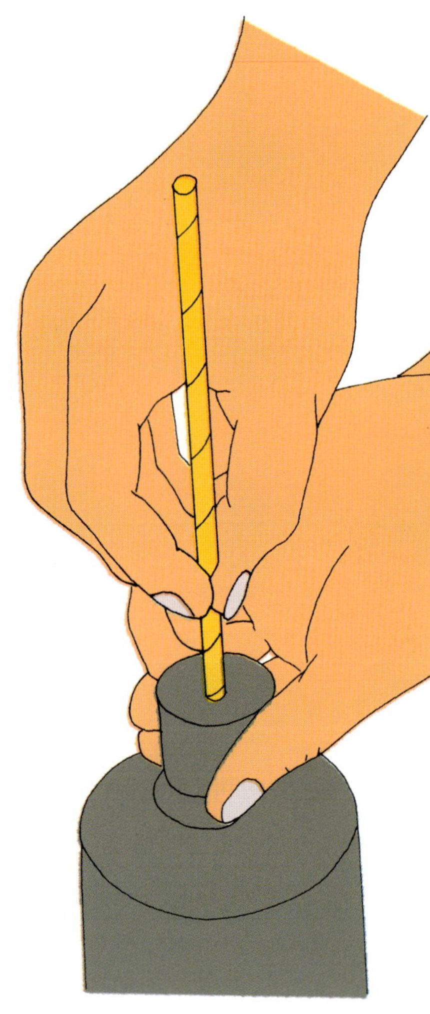

1

ment, des deux mains, sur le centre de la bouteille : l'écrasement provoque immédiatement un passage de l'air dans la paille de la rampe et une violente expulsion du jet qui est projeté au loin (*fig. 3*).

2

3

LE PARACHUTE

MATÉRIEL NÉCESSAIRE

- ✔ au moins six feuilles de papier vélin de différentes couleurs

- ✔ un peu de colle

- ✔ une fine ficelle ou un fil de coton solide

- ✔ une paire de ciseaux

- ✔ un poids en fer (un boulon, par exemple) ou une pince à linge

Le parachute, avec sa lente descente dans le ciel, est une illustration parfaite des règles de vol.

RÉALISATION

Superposez les feuilles de papier vélin. Sur la feuille se trouvant au-dessus, dessinez au crayon un triangle, une section du parachute (*fig. 1*) et, saisissant solidement le tas de feuilles, découpez le contour de la forme dessinée.

Placez sur le plan de travail les six « quartiers » et collez-les en les chevauchant un peu pour former une sorte de parapluie un peu bizarre (*fig. 2*).

Coupez la ficelle en six morceaux d'une quinzaine de centimètres et, après en avoir collé les extrémités, disposez-les sur le parapluie que vous venez de créer. Accrochez aux morceaux de ficelle le poids en fer qui servira de lest (*fig. 3*).

LANCER

Pour un vol en « piqué lent », il est nécessaire de procéder à un essai de lancer minutieux mais fort amusant.

Pliez le parapluie en veillant à ne pas déchirer le papier. Faites-en un petit « paquet » au centre duquel vous placez le lest. Lancé en l'air, à la fin de sa montée, en position de perte de vitesse, le parachute s'ouvrira et se posera doucement sur le sol.

LE CAVALIER VOLANT

MATÉRIEL NÉCESSAIRE

✔ deux ou trois feuilles de papier

✔ un élastique

✔ un verre d'eau

✔ quelques gouttes d'encre de Chine

Le terme « cavalier », dans son sens technique, désigne un clou ou un autre objet en forme de « U ». Dans notre cas, il sera volant et très rapide : un vrai missile. Le jeu, bien connu de tous les écoliers, consiste à viser une cible, plus ou moins bien choisie.

Attention donc : dirigez vos tirs vers le haut ou vers le sol ou bien sur une cible de tir. N'utilisez votre création que pour des objectifs « scientifiques » et non pas pour agresser vos proches ou nos amis les animaux.

RÉALISATION

Mélangez les quelques gouttes d'encre de Chine et l'eau.
Faites un rouleau des feuilles de papier et plongez-les dans l'eau pour les colorer.
Pliez le bâton en « U ».
Enroulez un long élastique autour de votre pouce et de votre index et chargez, en son centre, avec le « cavalier » en papier.

LANCER

Étendez le bras, et fermant un œil, visez. Tirez sur l'élastique et tirez l'objet volant : sifflant dans l'air à une vitesse tellement élevée qu'il en devient quasiment invisible, à la fin d'une longue trajectoire rectiligne, il s'écrasera brutalement sur la cible.

LA SARBACANE

MATÉRIEL NÉCESSAIRE

- ✔ une feuille de cahier ou pour machine à écrire
- ✔ une paille en plastique rigide de 1 cm de diamètre et de 30 à 40 cm de long
- ✔ un verre d'eau

Cette sorte de missile est très léger et aussi précis qu'une arme aérienne. La sarbacane est d'ailleurs utilisée encore aujourd'hui par les tribus dites « primitives » du Mato Grosso, au Brésil, pour la chasse.

RÉALISATION

Découpez dans la feuille une série de rectangles d'une dizaine de centimètres de long et d'environ deux centimètres de large.

Formez de petits cônes pointus (*fig. 1*).

Vérifiez leur calibre en les enfilant dans la paille : ils doivent être assez fins pour pouvoir coulisser librement dans le tube de lancer, sans être trop petits.

Scellez la languette terminale en l'humectant avec un peu d'eau ou de salive.

LANCER

Enfilez un cône dans la paille, en le faisant pénétrer par la pointe.

Portez la paille à vos lèvres et, après avoir retenu votre souffle, soufflez de toutes vos forces.

Si vous avez choisi la direction de lancer la plus favorable, selon le vent, le missile sera projeté au loin, rapide et silencieux.

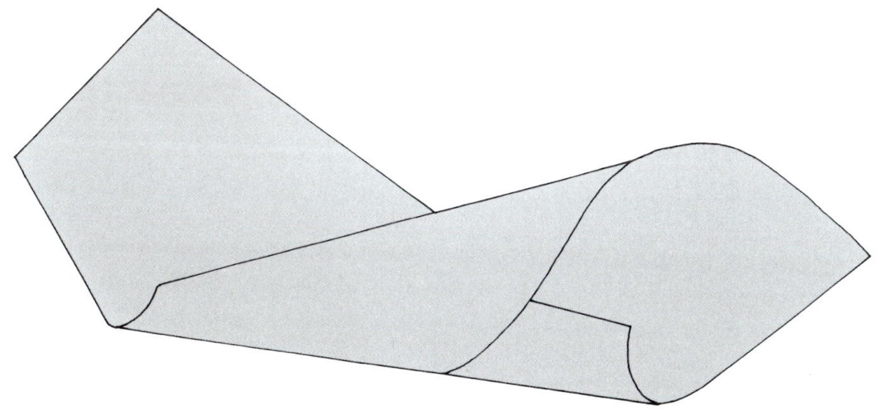

1

LA MONTGOLFIÈRE

MATÉRIEL NÉCESSAIRE

- ✔ six feuilles de papier vélin de différentes couleurs
- ✔ du fil de fer
- ✔ un peu de colle à prise rapide
- ✔ une paire de ciseaux
- ✔ de l'alcool
- ✔ un morceau de coton
- ✔ une demi-coque de noix ou un bouchon métallique

Malgré sa taille réduite, ce modèle de ballon à air chaud, né de l'imagination des frères Montgolfier, fonctionne réellement.

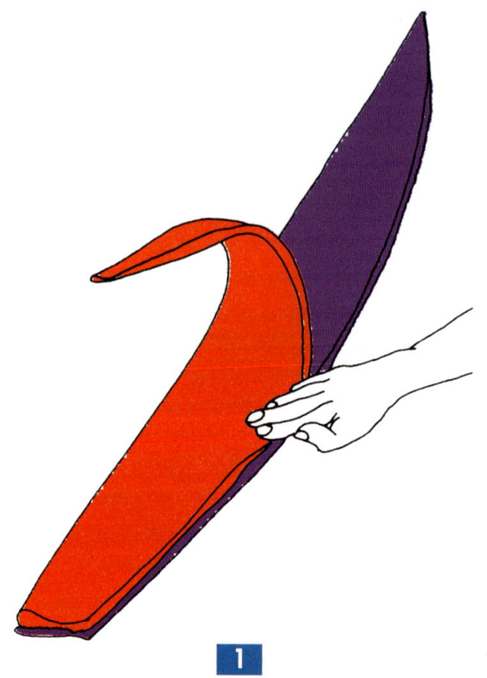

RÉALISATION

Pliez les feuilles de papier vélin en deux et superposez-les.

Sur la feuille du dessus, dessinez un demi-quartier, très allongé, de 50 à 60 cm, environ.

Attrapez solidement le tas de feuilles et découpez le contour de la figure dessinée (*fig. 1* et *2*).

Ouvrez les quartiers que vous collerez les uns sur les autres. En les superposant partiellement, vous obtiendrez, au prix de quelques difficultés, une sorte de petit ballon troué, très fin et délicat.

Courbez le fil de fer en anneau.

Accrochez à cet anneau de petites sections de fil de fer, de sorte qu'elles forment un petit anneau (*fig. 3*).

Collez la coque ou le bouchon sur l'anneau en fer.

Fixez cet anneau sur l'ouverture de la montgolfière, à un centimètre du bord que vous fermerez et collerez (*fig. 4*).

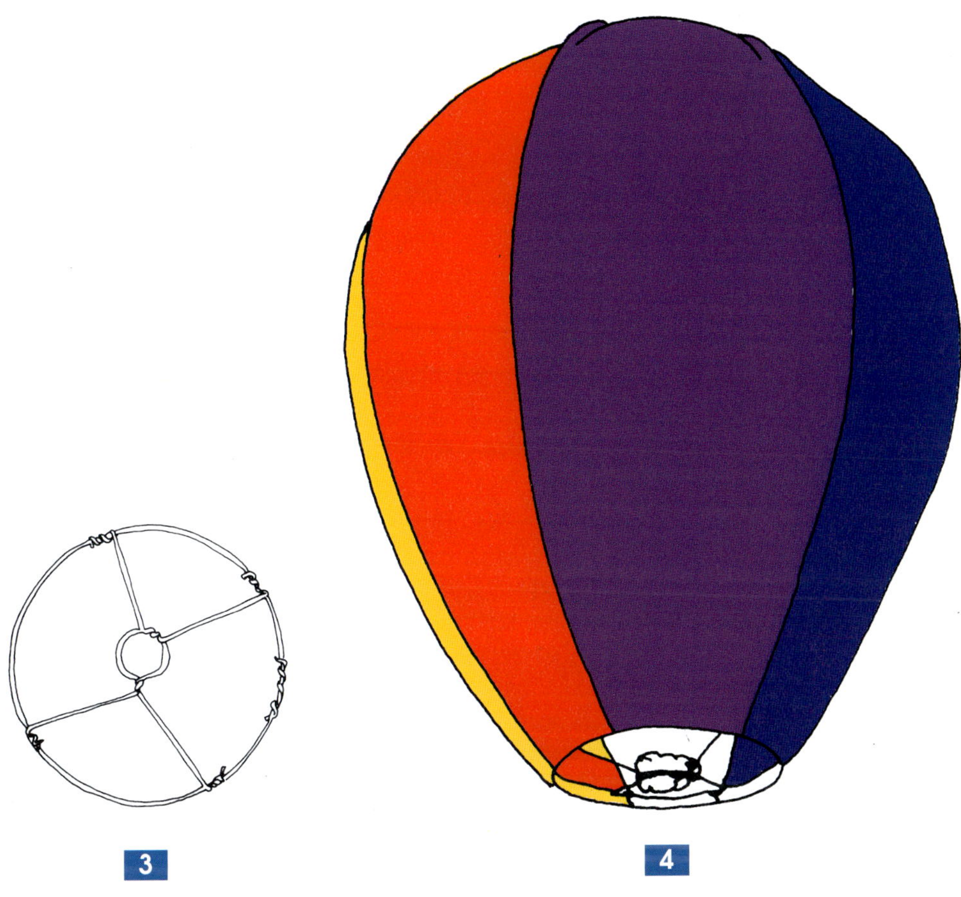

ESSAI EN VOL

Le vol aura lieu en plein air, de préférence sous la surveillance d'un adulte.
Versez une petite quantité d'alcool sur le coton. Placez celui-ci dans la demi-coque ou le bouchon.
Soulevez légèrement la montgolfière, et, avec toutes les précautions nécessaires, mettez le feu au morceau de coton. Votre montgolfière, encore un peu plate, se gonflera progressivement d'air chaud et vous la sentirez vous échapper des mains pour naviguer, lentement, mais toujours plus haut.
Son vol silencieux se poursuivra tant que les gaz libérés par la flamme (plus légers que l'air) continueront à l'alimenter.

MATÉRIEL NÉCESSAIRE

- ✔ un carton léger mais résistant
- ✔ un compas
- ✔ une paire de ciseaux
- ✔ un cutter
- ✔ une règle
- ✔ un crayon

Pour obtenir cet objet volant, il faut encastrer un grand nombre de petits cercles qui composent une sorte de ruche sphérique dont les « alvéoles » abriteront l'air qui le fera tourbillonner dans le ciel.

RÉALISATION

Dessinez un cercle au compas sur le carton.

Trouvez le diamètre **b-c**.

Sur le rayon **b-a**, marquez trois points équidistants, **d**, **e** et **f**. Faites-en descendre trois lignes qui toucheront le périmètre aux points **g**, **h** et **i** (*fig. 1*).

Chaque segment correspond au rayon d'un certain nombre de disques (en tout quatorze) qui composent la sphère. Dessinez donc quatre séries de disques qui auront pour rayon :

deux : **b-a** (première série)

quatre : **d-g** (deuxième série)

quatre : **e-h** (troisième série)

quatre : **f-i** (quatrième série).

Sur chacun des disques, dessinez le diamètre **l-m**, et, sur celui-ci, trouvez trois points équidistants **n**, **o** et **p**, dont vous ferez descendre trois lignes qui toucheront le périmètre aux points **q**, **r** et **s** (*fig. 2*).

Découpez soigneusement tous les disques et, sur chacun, incisez au cutter les trois lignes perpendiculaires.

En tenant entre les mains les parties non incisées, encastrez les deux plus grands cercles (première série), en les faisant se chevaucher par les incisions et en veillant à ce qu'ils soient perpendiculaires.

Continuez en encastrant un des disques de la première série, deux de la deuxième, deux de la troisième et deux de la quatrième. Terminez en appliquant, toujours verticalement, les six cercles restants.

Cette opération n'est pas des plus simples : il vous faudra une bonne dose de

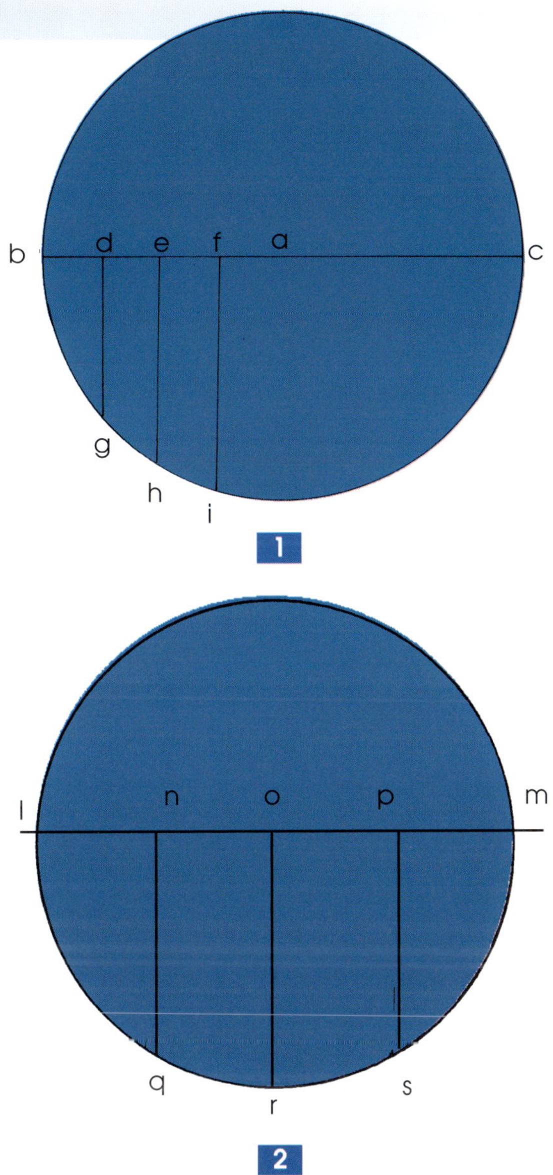

patience et beaucoup de précision, mais les résultats obtenus vous récompenseront de votre peine.

COMMENT JOUER

Que vous jouiez seul ou en groupe, préférez un vent modéré. Lancez la balle le plus haut possible, de préférence d'une position surélevée. Si vous la lancez dans le vent, cette balle tournera rapidement autour de son axe, filera comme une flèche en direction de la cible. Si vous la lancez à la verticale ou vent de face, vous assisterez à d'incroyables évolutions et à des trajectoires imprévisibles et sautillantes.

Matériel nécessaire

- ✔ une bassine remplie d'un verre d'eau
- ✔ des morceaux de papier de couleur
- ✔ quelques feuilles de papier journal
- ✔ une cuillerée d'amidon ou de colle vinylique
- ✔ deux soucoupes ou assiettes à dessert
- ✔ un cutter

On pourrait parler aussi de disque ou de soucoupe volante, mais quel que soit le nom qu'on lui donne, le Frisbee reste une machine volante pleine d'attrait et facile à réaliser.

Réalisation

Versez dans l'eau de la bassine l'amidon ou la colle vinylique.
Plongez les morceaux de papier de couleur que vous laisserez tremper jusqu'à ce qu'ils soient bien imprégnés.
Sur quelques feuilles de papier journal, posez les soucoupes renversées que vous utiliserez comme moule.
Repêchez dans la bassine les morceaux de papier, l'un après l'autre, et, après les avoir bien laissés égoutter, disposez-les en les faisant se chevaucher et en veillant à harmoniser les couleurs, sur toute la surface externe des assiettes ou soucoupes.
Pressez bien pour éliminer l'eau en excédent et laissez-les sécher à l'air libre.
Une fois que l'ensemble sera séché et durci, détachez des moules (les assiettes) les disques en carton-pâte.

Découpez soigneusement ce qui dépasse en suivant avec le fil de la lame la trace des bords. Passez un peu de colle sur les bords et collez les deux disques.

Lancer

Attrapez le Frisbee entre le pouce, au-dessus, et l'index, en dessous, en en tenant la moitié dans le creux de la main, fortement recourbée vers l'arrière.
Repliez votre bras sur votre poitrine et, une fois que vous aurez déterminé l'angle de lancer, projetez vers l'avant l'avant-bras et le poignet, comme si c'était un ressort ou un levier.
La force imprimée fera tourner et bondir très loin de vous ce « disque volant ».

Les modèles d'avion
« d'époque »

Pour conclure cette promenade dans le monde des « merveilleuses machines volantes », nous vous présentons quelques extraits de publications spécialisées qui ne sont pas tout à fait … récentes. Elles seront accompagnées d'illustrations de modèles d'avion que nous vous présentons pour leur valeur historique.

Ces modèles appartiennent, en effet, à une époque où le fait de voler restait, pour le plus grand nombre, un désir non assouvi. Nous avons trouvé à ces modèles un très grand charme et nous vous les présentons car ils constituent une illustration parfaite des propos que nous avons tenus au début de cet ouvrage : voler est un rêve, c'est même l'un des rêves les plus anciens de l'espèce humaine.

Grâce à ce livre, tous les passionnés, y compris les néophytes, seront tentés de rassembler des matériaux et ustensiles différents de ceux que nous avons suggérés jusqu'à présent. Ces merveilleux modèles anciens vous permettront de mesurer votre habileté et de savoir jusqu'où vous êtes capable d'aller.

L'OISEAU MÉCANIQUE

(*La Science pour tous,* 1887)

(…)
La force qui meut les ailes est fournie par de larges bandes de caoutchouc (élastiques) entortillées. Les autres détails de cet oiseau mécanique sont facilement visibles sur le dessin. Dans la partie supérieure est représenté un petit oiseau mécanique, les ailes baissées. L'envergure des ailes est de 35 cm, la bande en caoutchouc est longue de 13 cm et pèse 8 g, le poids total est de 25 g.

Mu par l'action de l'élastique, l'appareil se soulève doucement et peut couvrir une distance de 20 m, voire plus.

L'inventeur de cette machine, un couturier d'Ulm, a réussi à construire un oiseau mécanique de dimensions encore supérieures et d'un poids de 675 g. Avec un vent de face de 4 m/s, il peut parcourir 28 m.

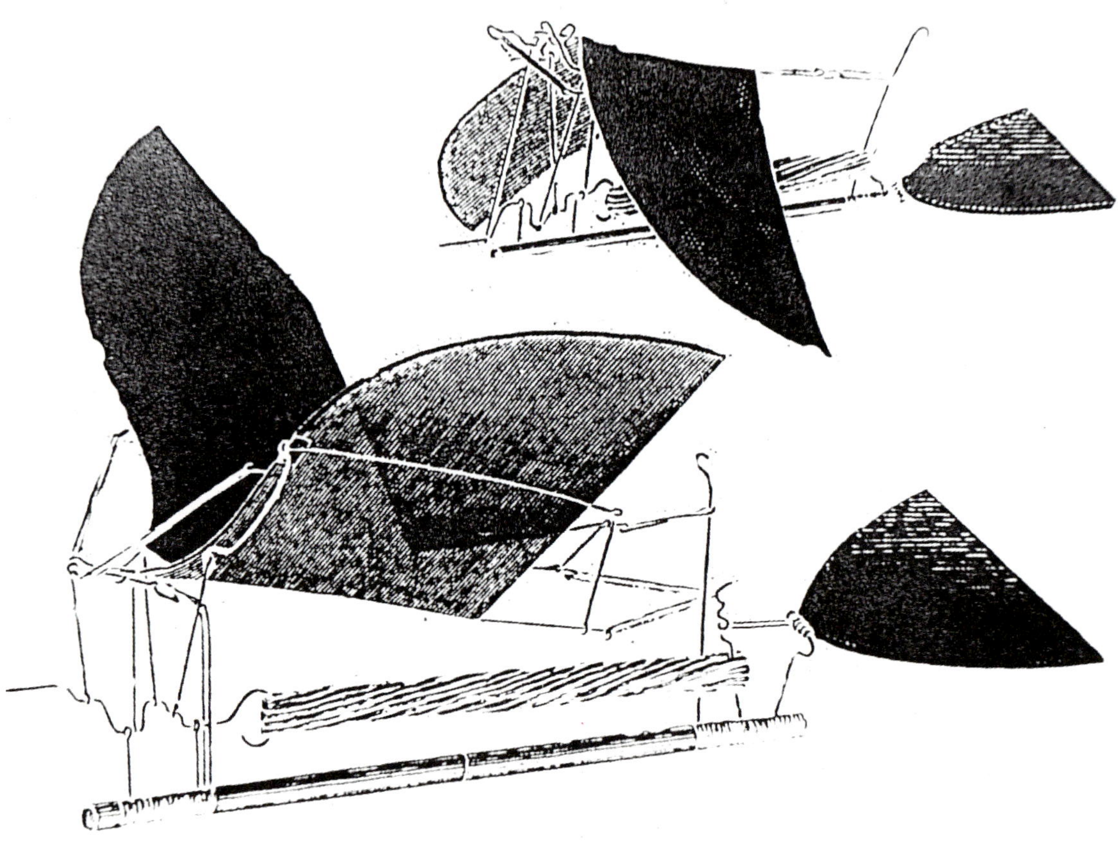

LE CANARD À DEUX HÉLICES PROPULSIVES

(*Modèles volants,* T. Piccardo, Opera National Balilla, 1929)

(…)
Les modèles de ce type sont particulière-ment appropriés pour les compétitions de distance et de durée, étant donné la légè-reté qu'il est possible d'obtenir grâce à l'absence de train d'atterrissage ainsi qu'au grand diamètre et au pas de l'héli-ce. La mise au point des deux surfaces doit être particulièrement bien étudiée car l'aile et le plan horizontal sont tous deux porteurs, c'est-à-dire qu'ils doivent avoir un angle d'incidence avec la direc-tion de déplacement.
Les deux moteurs à élastique sont portés par deux réglettes jointes à une extrémi-té. La distance entre elles est suffisante pour permettre que les hélices tournent sans se toucher.
Il est préférable d'utiliser des réglettes à section en double T qui associent légère-té et grande résistance à la flexion.
Les deux réglettes sont réunies par de fi-nes lamelles de bois ou du treillage en fil de fer, afin de rigidifier le châssis.
Il est indispensables que les hélices soient identiques et fonctionnent en sens opposé. Les surfaces portantes se fixent au châssis par des anneaux élastiques.
Le gouvernail de direction stabilise la trajectoire, mais il n'est pas indispensa-ble pour ce type d'appareil.

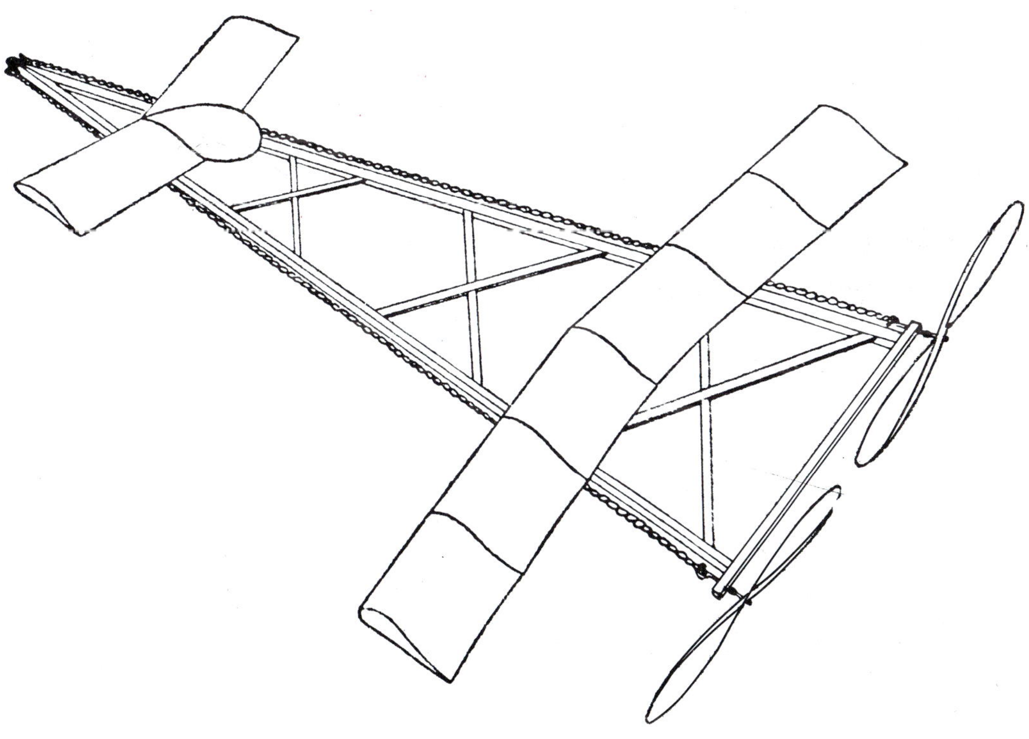

L'AÉROPLANE À HÉLICE

(Le courrier des petits, 1908)

(…)

Commençons par le moteur. Prenez une planchette en bois, d'un demi-centimètre environ et découpez-y le morceau que vous voyez sur la ***figure 1***, avec une longueur de 30 cm, une largeur d'un demi-centimètre et une saillie de 3 cm, et 2 cm de large.

Dans la partie saillante, pratiquez, avec une aiguille passée à la flamme, deux trous dans lesquels vous ferez passer du fil de fer très fin, pour y attacher, très solidement, un morceau de bambou séché de 4 cm de long et d'un diamètre maximal de 5 mm ; à l'autre bout de la tige, qui est l'axe du moteur, et pour ainsi dire, la colonne vertébrale de l'aéroplane, fixez un crochet, toujours en fil de fer (***fig. 2***).

Passez maintenant à la construction de l'hélice. Avec du carton pas très épais, mais résistant, fabriquez deux pales de 5 cm de long et d'une largeur d'un côté de 2 cm et de l'autre de 4.

Découpez un morceau de bois carrée (5 mm d'épaisseur) d'une longueur de 3 cm. Aux extrémités, avec une lame fine, pratiquez deux incisions diagonales et convergentes, d'un peu moins de 1 cm, dans lesquelles vous enfilerez les pales (***fig. 3***).

Enroulez du fil de fer sur ce morceau de bois et faites-le passer à travers le bambou, en laissant dépasser 2 cm que vous façonnerez en forme de crochet.

Faites passer de l'élastique sur le crochet de la tige et sur celui qui dépasse du bambou (***fig. 4***).

Avec du papier vélin ou décalque, construisez les ailes avant et arrière, en relevant les dimensions sur les ***figures 5*** et ***6***, puis renforcez-les avec des bandes en carton.

Sur la partie supérieure de la tige (opposée à celle comportant de l'élastique), à 6 cm de l'hélice, fixez les ailes avant, en vous servant de deux morceaux de fil de fer fin, croisés et bien serrés et, éventuellement, d'un peu de colle : les bandes de carton doivent être tournées vers le bas.

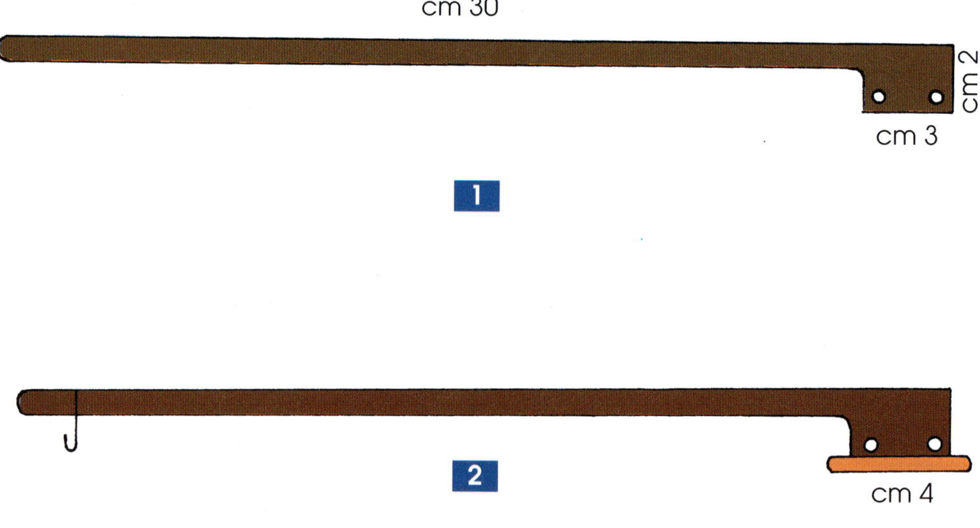

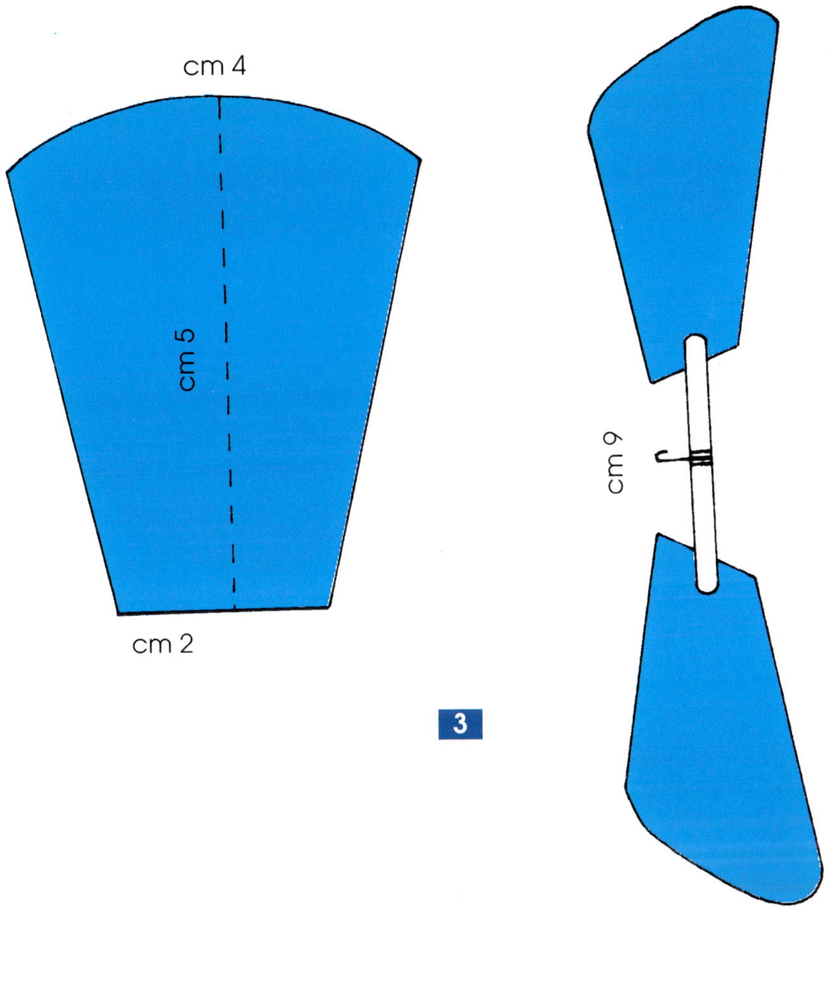

3

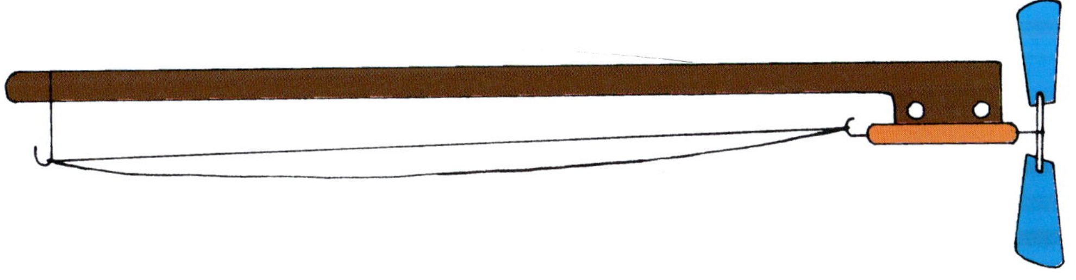

4

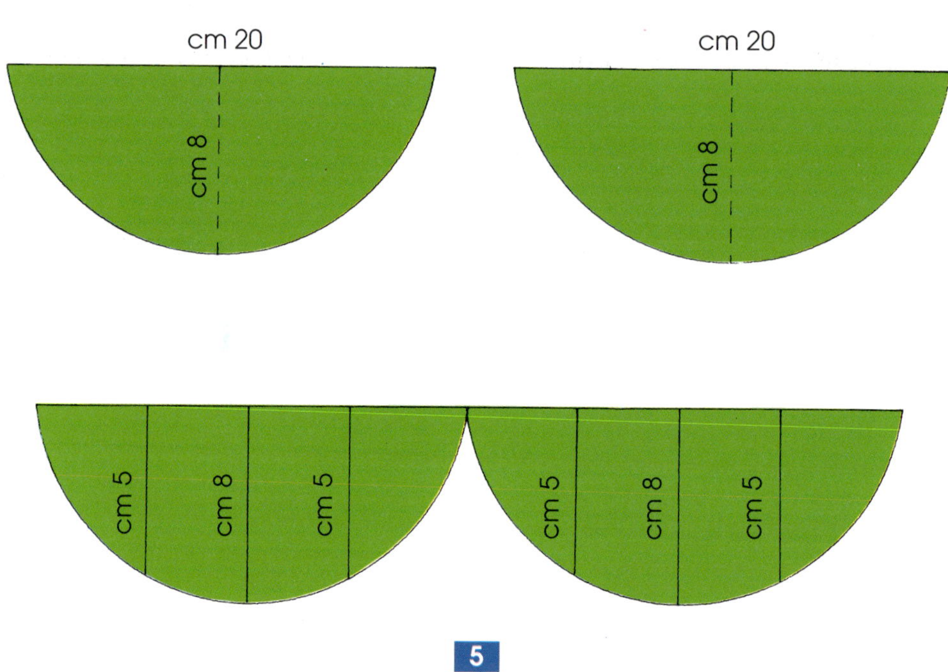
cm 20
cm 8
cm 20
cm 8
cm 5
cm 8
cm 5
cm 5
cm 8
cm 5
5

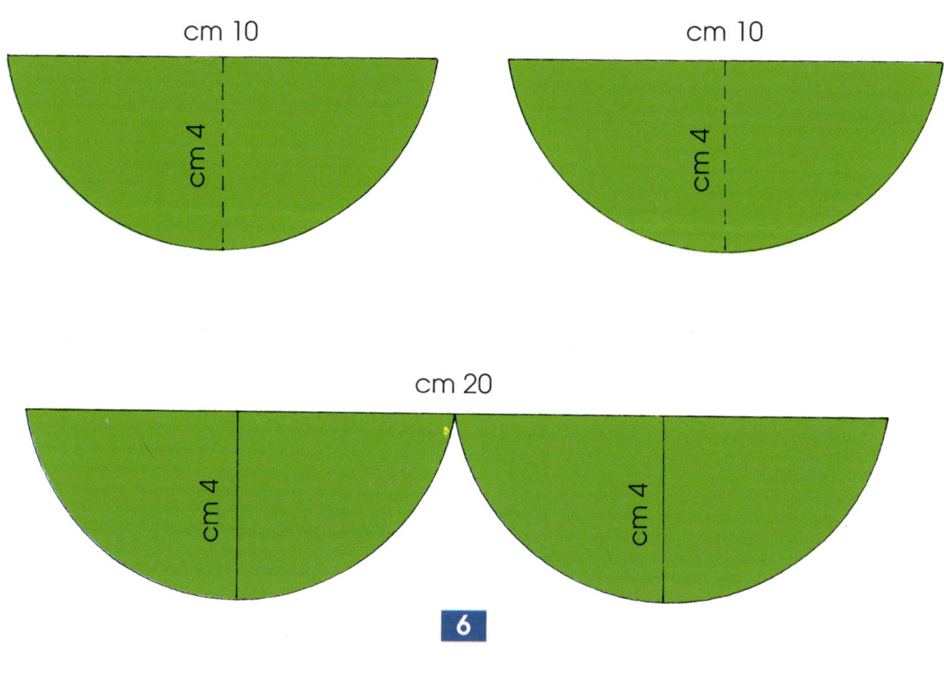
cm 10
cm 4
cm 10
cm 4
cm 20
cm 4
cm 4
6

De la même manière, à 5 cm de l'extrémité opposée, fixez les petites ailes (*fig. 7*). L'aéroplane est prêt. Tournez l'hélice dans le sens inverse de celui dans lequel il doit tourner pour que l'élastique soit suffisamment tendu. Puis, tenant l'aéroplane par l'axe du moteur, faites tourner l'hélice et ouvrez la main.

7

(*Modèles volants*, T. Piccardo, Opera National Balilla, 1929)

(…)

La baguette porte-élastique a une section de 9 mm et mesure 70 mm de long. Le support est obtenu grâce à une tige de laiton d'une épaisseur d'un millimètre, d'une largeur de 7 et d'une longueur de 50, pliée en U, collée et attachée avec du fil à la baguette.

L'axe porte-hélice est en fil d'acier de 10 mm.

L'hélice a un diamètre de 25 cm.

Le train d'atterrissage, en fil de fer, est doté de roues en contre-plaqué. La béquille est en fil de fer. Le moteur constitué d'un écheveau en caoutchouc de 12 m est attaché aux deux extrémités sur des crochets prévus à cet effet, devant être revêtus de petits tubes en caoutchouc. Celui de l'arrière doit avoir une forme en 8 pour pouvoir se décrocher du fuselage.

L'aile, composée de lattes en fil métallique ou en bambou, a une envergure de 75 cm et une profondeur de 14.

Les nervures, au nombre de 8, mesurent 14,5 cm de long et leur section est de 5 x 2. Courbez-les légèrement et attachez-les aux longerons, en les liant comme indiqué sur la figure.

La couverture est un simple revêtement de papier vélin ou décalque, appliqué à la surface inférieure concave de l'aile, replié sur le bord d'attaque.

L'aile est fixée à un étui de fer blanc très fin, pour pouvoir la déplacer le long de la baguette.

Il est nécessaire de rigidifier l'aile par des tirants car, autrement, elle serait trop faible pour tenir toute seule. Le plan horizontal de l'empennage est composé de deux longerons et de trois nervures. Le plan vertical peut être fabriqué en fil de fer avec une section de 12/10 ou en bambou.

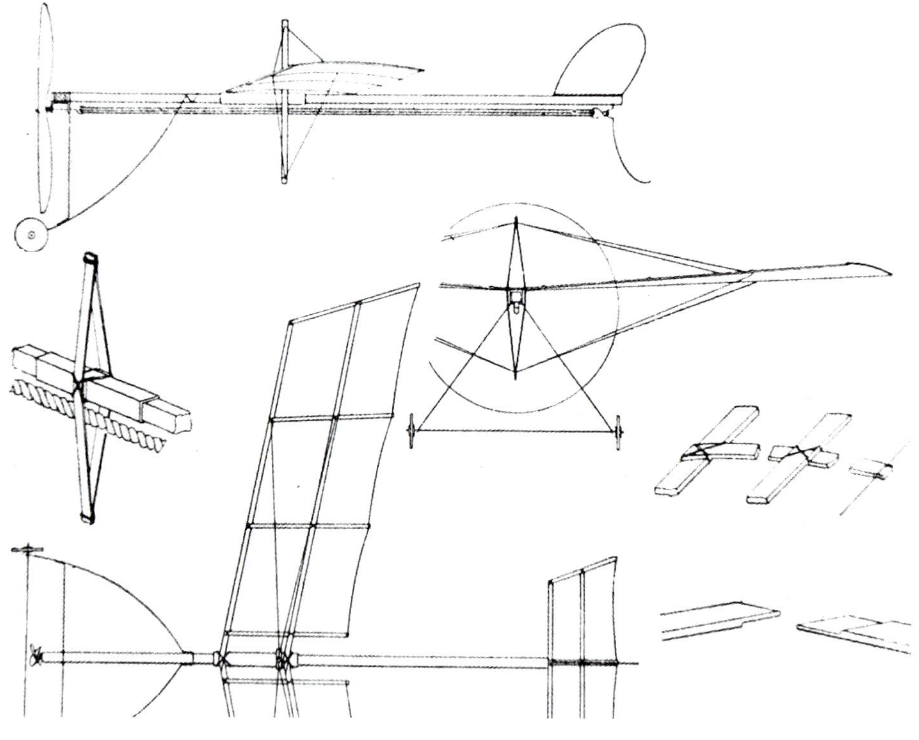

(*Modèles volants,* T. Piccardo, Opera National Balilla, 1929)

(...)
Le tube, en placage de bois d'une épaisseur de 3/10 de mm a un diamètre de 2 cm et il est renforcé aux extrémités.
Le train d'atterrissage est en fil de fer galvanisé de 12/10 de mm, les roues sont d'un diamètre de 40 mm.
L'aile est « en cantilever », avec une ouverture de 108 cm et une profondeur de 20 cm, elle est dotée d'un dièdre significatif et présente une forme en flèche. Elle est composée de trois longerons, dont celui du bord d'attaque est plus robuste, et de dix nervures à profil semi-épais en contre-plaqué de 3 mm, allégé par des trous. L'aile est dénuée de montants car elle est rigidifiée par une lamelle qui relie les quatre nervures centrales et le deuxième longeron. Les plans de la queue sont en fil de fer.
Toutes les surfaces sont recouvertes de papier à dessin repassé après avoir été humidifié et verni.
La béquille de queue est en fil d'acier.
Le moteur est composé de 20 m d'élastique.
L'aile est fixée au tube par des colliers en laiton.

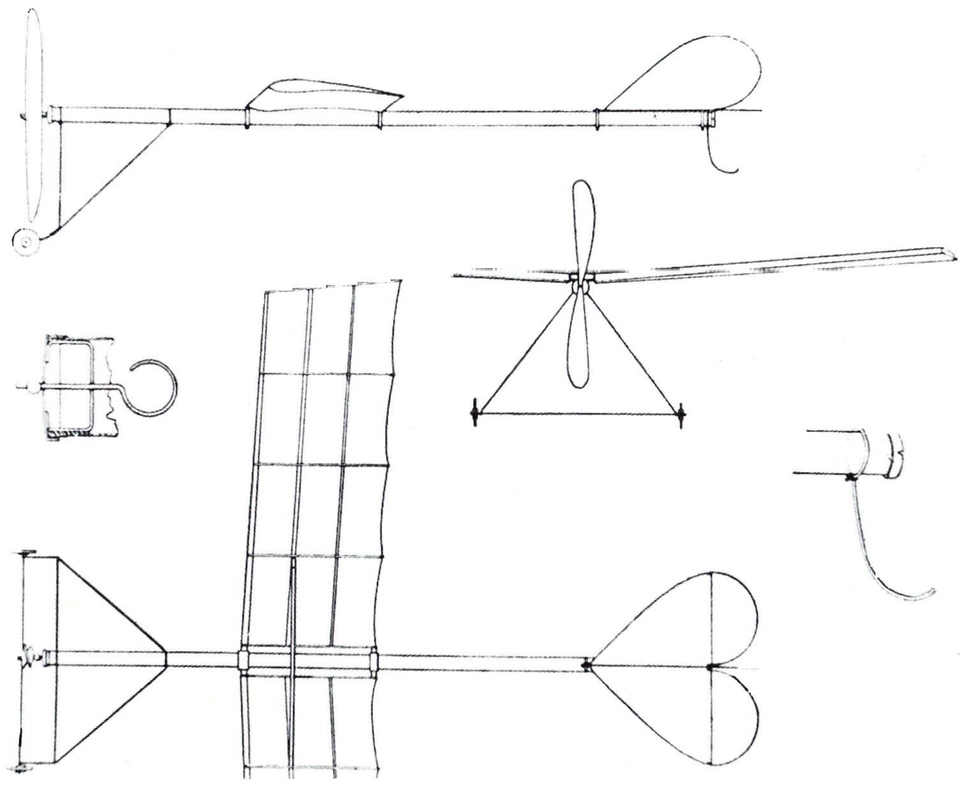

Table des matières

Préface .... page   5

Les lieux et les matériaux de travail .... »   6
    Le plan de travail .... »   6
    Le papier .... »   6
    Les couleurs .... »   8

La réalisation .... »   9
    Le projet .... »   9
    Les dimensions de la feuille .... »   9
    La construction .... » 10

La mise au point .... » 11
    Les essais .... » 11
    L'assiette au sol .... » 12
    Les essais en vol .... » 12
    La soufflerie aérodynamique .... » 14
    Le vol de croisière .... » 14
    Le vol circulaire .... » 16
    La mise au hangar .... » 17

LES MODÈLES RÉDUITS .... » 19

Les modèles classiques et fantaisie .... » 20
    Le haricot volant .... » 21
    Le biplan .... » 22
    L'avion à train d'atterrissage .... » 24
    Le tire-bouchon volant .... » 26
    L'avion à bosses .... » 28
    L'oie .... » 30
    L'avion à faible vitesse .... » 32

L'avion mouche .... page 34
Le planeur .... » 36
L'hélicoptère .... » 38
La flèche .... » 40
L'épervier .... » 42
L'épouvantail .... » 44
Le V2 – première version .... » 46
Le V2 – deuxième version .... » 48

Les « véritables » avions .... » 49
L'avion d'entraînement .... » 50
L'avion de transport à double empennage .... » 52
L'aile volante .... » 54
Le biplan .... » 56
L'avion de chasse .... » 58
Le Concorde .... » 60
Le jumbo jet .... » 62
La navette spatiale .... » 64

Les objets volants .... » 67
Le boomerang .... » 68
Le cerf-volant .... » 70
Le « jet » en bouteille .... » 72
Le parachute .... » 74
Le cavalier volant .... » 76
La sarbacane .... » 77
La montgolfière .... » 78
La balle volante .... » 80
Le Frisbee .... » 82

Les modèles d'avion « d'époque » .... » 83
L'oiseau mécanique .... » 84
Le canard à deux hélices propulsives .... » 85
L'aéroplane à hélice .... » 86
Le monoplan .... » 90
Le monoplan à hélice tractrice .... » 91

*Achevé d'imprimer en juillet 1998
à Milan, Italie,
sur les presses de Grafiche Mazzucchelli S.p.A.*

*Dépôt légal : juillet 1998
Numéro d'éditeur : 5578*